인생을
지배하는

The Power of Habit

습관의
힘

인생을 지배하는

The Power of Habit

습관의 힘

후루카와 다케시

권혜미 옮김

책/이/있/는/풍/경

일찍 일어나
아르바이트를
하고 싶다.

영어 실력을 키워
해외에서
일하고 싶다.

끈기와 상관없이
습관화할 수 있는
방법이 있다?

부정적인 사고에서
벗어나 인생을
즐기고 싶다.

살면서 이런 고민을
한 적은 없는가?

무엇을 해도
작심삼일…….
나는 왜 꾸준히 하지
못하는 걸까?

내가 하고 싶은 게 뭘까?
그것만 알면
인생이 바뀔 텐데…….

나를 바꾸고 싶지만,
매일 반복되는 생활 패턴 때문에
바뀔 수가 없어!

크든 작든 누구나 이런
고민을 품고 있을 것이다.
사실 이런 고민은 모두
'습관'이 원인이다.

우리의 인생은
'습관이 모여' 만들어졌다.
습관이 바뀌면
인생이 바뀐다.

그리고 행동과
사고의 약80%는
패턴화된 일상 속에서
무의식적으로 반복된다.

그렇기 때문에
습관을 쉽게 바꾸지
못하는 것이다.

그러나
포기하지 말자.
왜냐하면
인생의 90%는
습관으로 결정되기
때문이다.

이 책은 습관을
'행동' '사고' '감정'
'환경'으로 나눈 후
습관화를 완성시키는
65가지 방법을
소개한다.

지금 당장
습관화 기술을 익혀서
후회 없는
최고의 인생을
만들어보자!

이런 사람들에게 추천해요!

고민1

꾸준히 하지 못한다·끊지 못한다

"일찍 일어나기나 다이어트 등
무엇을 해도 꾸준히 하지 못한다."
"끊지 못한다."
"미뤄버린다."
이것은 의지나 근성의 문제가 아니다.
'나를 깨우는 방법'을 알면
습관화를 완성시킬 확률은 올라간다.

1장에서는
행동습관을 바꾸는
26가지 방법을
소개한다.

왜 꾸준히 하지
못하는 걸까!

"자신감이 없다."

"실패가 두려워 행동하지 못한다."

"비난받으면 쉽게 좌절한다."

이런 사람은 '내 기분을 깨우는 방법'을

알면 부정적인 사고에서 벗어나

긍정적인 마인드가 된다.

2장에서는
사고습관을 바꾸는
18가지 방법을
소개한다.

더 이상은
안 되겠어······.

고민
3

마음이 불안하다 · 만족감을 채울 수 없다

"불안감이나 자기혐오감으로
마음이 불안하다."
"가치나 보람을 느끼지 못한다."
만약 이런 기분이 든다면,
자신의 감정에 집중해 마음을 정리해보자.
그러면 마음이 안정돼
진짜 욕구를 찾을 수 있다.
이제 하고 싶은 일이나
삶의 가치가 보일 것이다.

3장에서는
감정습관을 바꾸는
15가지 방법을
소개한다.

불안해!

"더 성장하고 싶다."

"앞으로 나아가고 싶지만,

현재상태에 안주하고 있다."

우리는 왜 좀처럼 바뀌지 않는 것일까?

그 이유는 무의식중에

'안전, 안심, 안정'을 유지하면서

새로운 변화에 저항하고 있기 때문이다.

그러나 사람은 '쉽게 물드는 동물'이다.

따라서 환경을 바꾸면 그만큼

성장할 수 있다.

4장에서는
환경습관을 바꾸는
6가지 방법을
소개한다.

이대로 있어도
괜찮을까……

이 책을 읽는 방법

　　우선은 이 책의 '총론'이라고 할 수 있는 '들어가기' 먼저 읽어보자. 그러면 이 책의 전체 모습이 파악될 것이다. 1장부터는 각론이기 때문에 어느 장부터 읽어도 상관없다. 자신에게 필요한 부분부터 읽어보길 바란다.

또한 이 책에서 소개하는 65가지 습관화 방법 중에 자신과 맞지 않는 부분이 있을지도 모른다. 많은 사람들에게 통용될 수 있는 방법을 되도록 많이 소개했기 때문에, 이 책에 나온 65가지 방법을 모두 습관화하려고 하기보다 뷔페처럼 자신에게 맞는 방법만 골라 실천하면 좋을 것이다.

바라건대, 이 책을 항상 가지고 다니면서 습관화하고 싶은 것을 찾았을 때나 슬럼프에 빠졌을 때 몇 번씩 반복해서 읽어보길 바란다.

좋은 습관화로 여러분이 바라던 삶을 살기를!

행동습관

사고습관

감정습관

환경습관

차
례

환경습관

PART 4 ————

변하지 않는 나를 성장시키다

들어가기

습관화로

바라던 삶을

살자

습관화하지 못하는 이유는
보이지 않는 영역 때문

"마음먹은 일을 끝까지 해내면 인생이 바뀐다."

이 말에 대해서는 누구도 반박하지 못할 것이다.

문제는 정신력과 끈기만으로 습관을 만들려고 하면 금세 지쳐서 결국은 포기해버리게 된다는 점이다.

습관을 완성시키는 데 있어서 가장 중요한 것은 습관을 방해하는 요소가 어디에 있는지 파악하는 것이다. 사실 습관은 행동만으로 완성되

심층구조의 빙하 모델

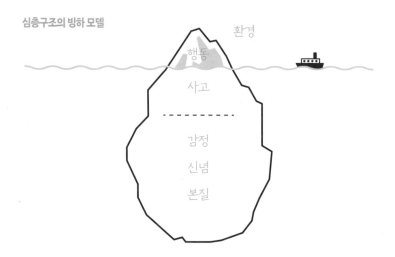

환경

행동

사고

감정

신념

본질

지 않는다. 아무리 행동을 바꿔도 해결되지 않는 문제는 많이 있다.

습관화하지 못하는 원인이 어디에 숨어 있는지 '빙하 모델'을 이용해 통찰해보자. 심층구조를 6단계로 나눈 후 각 층별로 문제를 파악해보자.

첫 번째 단계는 행동이다.

'행동하지 못한다', '꾸준히 하지 못한다'라는 현상은 빙하 모델로 말하면 해수면 위에 떠 있는 표면적인 단계에 해당한다.

'영어공부를 꾸준히 하지 못한다', '아침에 일찍 일어나지 못한다', '술을 끊지 못한다' 등의 행동 문제는 사실 올바른 행동습관만으로 해결되는 경우가 많이 있다.

올바른 행동습관이란 이를테면 '작은 행동부터 시작한다', '예외법칙을 만든다' 같은 것들이다.

이러한 행동습관은 비교적 간단하지만 효과는 매우 크다. 그 방법을 1장에서 26가지 소개하겠다. 그러나 습관은 행동이 아닌 다른 요소에 의해 방해받는 경우가 더 많다. 그런 경우에는 행동보다 더욱 깊은 단계에 있는 요소에 눈을 돌려야 한다.

두 번째 단계는 사고다.

우리가 평소에 하는 생각은 무의식중에 반복되는 사고습관이다.

'행동하지 못하는 사람'과 '꾸준히 하지 못하는 사람'에게 나타나는 사고습관은 0과 100으로만 평가하는 극단적인 완벽주의 사고다. 완벽주의자는 무언가 행동할 때 "100점이 아니면 의미 없다"고 생각한다. 그리고 그 생각에 엄청난 압박감을 느끼고 행동을 주저한다. 또한 하루이틀만 못 해도 자기혐오에 빠져서 결국은 그 행동을 포기해버린다. 그런 사람은 완벽주의 사고를 없애야 쉽게 행동할 수 있다. 2장에서는 사고습관을 바꾸는 18가지 방법을 소개한다.

세 번째 단계는 감정이다.

나는 습관화 컨설팅을 할 때마다 느끼는 점이 있다. 그것은 '감정에 집중하는 것'이 가장 중요하다는 것이다. 쉽게 말해 습관화는 '재밌는 것은 꾸준히 하고, 재미없는 것은 금방 포기한다'는 감정 법칙을 따른다. 따라서 마음이 생기면 꾸준히 할 수 있다. 그렇기 때문에 '어떻게 하면 좋은 습관을 지속시키고 나쁜 습관을 끊을 수 있는지' 감정의 힘을 끌어내는 방법을 알아야 한다. 또한 '지금까지 내 인생은 어떤 감정에 의해 움직였는지' 자신의 감정 패턴을 아는 것도 중요하다. 행동이나 사고에 패턴이 있듯이 감정에도 패턴이 있다. 나는 이것을 '감정습관'이라 부른다.

네 번째 단계는 신념이다.

그러면 '감정을 낳는 것은 무엇인지' 생각해보자. 빙하 모델의 네 번째 단계인 신념이란 무의식중에 옳다고 믿는 생각이다.

이를테면 "나는 무엇을 해도 안 된다", "나는 열등하다"는 신념이 있으면 무기력, 자기혐오, 절망감이라는 감정이 마음을 차지하게 된다. 이 부정적인 신념이 감정을 만들어내면 행동을 지속하지 못하게 된다. 반대로 "나는 할 수 있다", "노력은 배신하지 않는다"는 긍정적인 신념이 있으면 자기긍정, 희망, 용기가 솟구치게 되고, 이는 행동의 원동력이 된다. 이처럼 감정을 긍정적으로 만들면 행동도 앞으로 나아갈 수 있다.

다섯 번째 단계는 본질이다.

빙하의 가장 깊은 곳에 있는 것은 바로 '본질'이다. "세 살 버릇 여든 간다"는 말이 있듯이 우리에게는 나이가 들어도 변하지 않는 천성적인 성격과 욕구가 있다. 본질은 신념보다 더욱 강한 감정을 만들어내는 독자적인 욕구다. 이 욕구가 우리의 행동과 습관을 뿌리 깊은 곳에서 움직이고 있다고 말할 수 있다.

**당신은 다음 아홉 가지 욕구 중에
무엇을 가장 강하게 느끼는가?**

1. 완벽
2. 인간관계
3. 목표달성
4. 독창성 발휘
5. 탐구심
6. 안전과 안심
7. 즐거움
8. 뛰어남
9. 마이 페이스

이 아홉 가지는 인간의 성격을 파악하는 에니어그램의 '근원적 욕구'를 쓴 것이다. 습관화에 있어서 중요한 것은 자신의 욕구를 아는 것이다. 자신의 욕구를 잘 활용하면 습관도 완성시킬 수 있다.

이를테면 영어공부를 할 경우, '2. 인간관계'의 욕구가 강한 타입이라면, 마음이 맞는 선생님이나 친구를 만나면 공부가 재밌어질 것이다. '3. 목표달성'의 욕구가 강한 타입이라면, 토익의 목표 점수를 설정하면 공부에 도움이 될 것이다. '5. 탐구심'의 욕구가 강한 타입이라면, 영어 공부법이나 교재 등 다양한 정보를 철저히 조사해 자신에게 맞는 공부법을 만들면 실력이 올라갈 것이다.

지금까지 습관화에 실패했던 이유는 자신의 욕구 패턴을 무시했기 때문일지도 모른다. 나와 맞지 않는 방법으로 하거나 무작정 다른 사람의 방법을 따라 했기 때문일지 모른다. 그러나 승리 패턴과 행복 패턴은 사람마다 다 다르다.

또한 본질을 따르면 우스워질 정도로 삶이 쉬워진다. 이야기가 조금 깊어졌지만, 이 책을 통해 그 사실을 탐구해보자.

3장에서는 신념과 본질을 포함해 감정습관을 바꾸는 15가지 방법을 소개한다.

여섯 번째 단계는 환경이다.

앞에서 본 다섯 단계가 내면의 이야기였다면, 환경 단계는 친구나 회사 등 바깥쪽의 이야기다.

우리의 행동과 사고와 감정과 신념은 내가 놓인 환경에 깊은 영향을 받는다. 이를테면 모든 회사에는 사풍이 있고, 그에 맞는 가치관과 행동규범이 존재하며, 그것은 우리에게 강한 영향을 미친다.

청소년기에는 부모나 학교 친구 또는 선생님의 영향을, 사회인이 되었을 때는 회사 사람들의 영향을 많이 받는다. 새로운 사람과 새로운 환경을 만들면 자극이 일어나 내 행동과 사고, 감정과 신념도 진화하게 된다.

전에 직장인 공부모임에 참가한 적이 있다. 나는 그곳에서 평소와 다르게 목표의식이 높은 사람들을 만나면서 "이대로 안주해서는 안 되겠다"는 생각이 들었고, 내 한계를 돌파할 용기를 얻었다.

이처럼 환경을 만드는 것도 습관이다.

4장에서는 환경을 바꾸는 여섯 가지 방법을 소개한다.

이 책에서는 습관을 '행동, 사고, 감정(신념과 본질을 포함해), 환경'의 네 영역으로 나누고, 이들 습관을 바꾸는 65가지 방법을 소개한다.

되도록 읽기 쉽게 하나씩 독립된 항목으로 전개했지만, 전체 구조를 파악한 뒤에 읽으면 이해하기가 더욱 쉬워질 것이다.

행복의 90%는 습관으로 결정된다

"인생의 목적은 행복이다."

고대 그리스 철학자 아리스토텔레스는 이렇게 말했다.

이 책의 핵심은 QOL(quality of life, 삶의 질)을 높이는 것이다. 그러나 '아침에 일찍 일어나 제일 먼저 출근하고, 저녁에는 영어공부나 운동을 한다'는 FM적인 완벽한 생활습관을 추구하는 것이 아니다. 백번 양보해 모두가 완벽한 생활습관을 가졌다고 하자. 그렇다고 그 모두가 행복해지는 것은 아니다.

이 책에서 내가 바라는 것은 각자 원하는 습관을 만들어 저마다 행복하고 윤택한 인생을 사는 것이다.

그럼 '행복'이란 무엇일까?

부자가 되는 것일까? 출세해 명예를 얻는 것일까? 또는 돈 많은 사람과 결혼하는 것일까? 행복의 정의는 어렵다.

이 물음에 정답은 없지만, 하나의 시점으로 간단하고 알기 쉽게 표현한 것이 긍정심리학의 '행복의 공식'이다.

그럼, 내 해석도 포함해 설명해보겠다.

우선 긍정심리학이란 무엇일까? 그것은 마음의 병을 치료하는 것이 아닌 행복도를 높여주는 심리학이다.

　그리고 긍정심리학의 일인자인 세 명의 교수(소냐 류보머스키, 에드 다이어, 마틴 셀리그먼)가 연구개발한 것이 행복의 공식이다.

행복의 공식

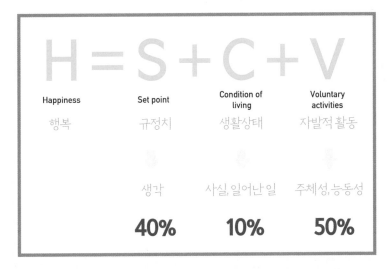

Happiness	Set point	Condition of living	Voluntary activities
행복	규정치	생활상태	자발적 활동
	생각	사실, 일어난 일	주체성, 능동성
	40%	10%	50%

$$H = S + C + V$$

　행복의 공식은 'H=S+C+V', 즉 '행복(Happiness)=규정치(Set point)+생활상태(Condition of living)+자발적 활동(Voluntary activities)'이다.

　행복은 '규정치'와 '생활상태'와 '자발적 활동'이라는 세 가지 요소로 좌우된다. 그럼, 이 세 가지 요소에 대해 간단하게 설명해보겠다.

❶ 규정치 생각과 의식

　이는 일상에서 '얼마나 행복한 상태로 있는지' 그 규정 값을 의미한다. 같은 것을 두고 '행운'이라고 생각하는 사람도 있고 '불행'이라고 생각하는 사람도 있다. 이렇듯 생각의 차이는 뇌에 뿌리를 내리고, 시간이 지나도 그다지 바뀌지 않는다.

긍정심리학에서는 이 규정치는 유전과 같아 바꾸기 어렵다고 말하지만, 나는 사고습관을 바꾸면 이 규정치도 바뀐다고 생각한다. 확실히 규정치는 유전이나 부모의 영향을 강하게 받지만 연습하면 후천적으로 크게 바뀔 여지는 있다. 아무튼 우리는 '사실'보다 '그것을 어떻게 해석하는지'로 행복도의 40%가 좌우된다.

❷ **생활상태** 일상적인 일이나 인생의 사건 (행복과 불행)
긍정심리학에서는 "우리에게 일어나는 일이 행복도에 미치는 영향은 10% 정도밖에 되지 않는다"고 말한다. 이를테면 복권에 당첨돼도 행복은 오래가지 않는다. 반대로 파산이나 질병 등 불행한 일을 만나면 일시적으로 행복도는 내려가지만, 결국은 그 사람이 가진 규정치로 되돌아온다. 즉 긍정적으로 생각하는 사람은 불행 속에서도 긍정적인 측면을 보고, 부정적으로 생각하는 사람은 행복 속에서도 공포와 불안에 의식을 집중시킨다. 어떤 일이 생기면 감정은 확실히 일시적으로 올라가거나 내려가지만, 행복에 길게 영향을 미치지는 않는다.

❸ **자발적 활동** 자신의 행동을 스스로 선택하는가
주변에 휘둘리고, 기분에 따라 규칙을 어기고, 자신을 컨트롤하지 못하면 행복도는 내려간다.

일상, 인생, 일, 가정에서 '시켜서'가 아닌 '스스로'라는 주체성과 능동성과 적극성을 되찾으면 행복도는 올라간다. 이 자발적 활동은 행

복도에 50%나 영향을 미친다.

　'아침형 인간'이 인기인 이유는 회사 출근시간에 맞춰 억지로 일어나는 것이 아니라 자신이 정한 시간에 스스로 일어나는 것이기 때문이다. 즉 자신을 컨트롤한다는 주체적인 감각을 가질 수 있기 때문이다.

　또한 인생에서 자신이 좋아하는 것, 사명감을 느끼는 것을 직업으로 삼는 것도 중요하다. "내 인생은 내가 결정한다"는 감각이 있으면 행복도는 상승한다. 그만큼 인생을 주체적으로 살아가는 것이 중요하다.

　정리하면, 행복의 요소는 규정치가 40%, 생활상태가 10%, 자발적 활동이 50%다. 그리고 '규정치(40%)'는 사고습관이, '자발적 활동(50%)'은 행동습관이 영향을 미친다.

　즉 행복의 90%는 '습관'에 의한 것이고, 행복과 습관은 그만큼 밀접한 관계가 있다.

습관화의 열쇠는
'나를 깨우는 방법'에 있다

갑작스럽지만 침몰선에 관한 농담을 하나 해보겠다.

이것은 각국의 국민성과 가치관을 알기 쉽게 표현한 농담이다.

세계 각국 사람들이 탄 초호화 배가 지금 침몰하려 하고 있다. 탈출용 보트는 모든 승객이 타기에는 턱없이 부족하다. 이때 선장은 각 나라의 승객들이 바다로 뛰어들게 하기 위해 이렇게 외친다.

> 미국 : "지금 바다로 뛰어들면 당신은 영웅이 될 겁니다."
>
> 이탈리아 : "저기 바다에 미인이 헤엄치고 있어요."
>
> 영국 : "신사라면 이럴 때 바다로 몸을 던져야 합니다."
>
> 독일 : "규칙입니다. 바다로 뛰어드세요."
>
> 일본 : "모두 바다로 뛰어들고 있어요."

동기는 각 국민마다 다르다는 것을 보여주는 매우 흥미 깊은 이야기지만, 이 농담으로 두 가지 시사점을 얻을 수 있다.

첫 번째는 동기가 만들어지는 과정은 각각 다르다는 점이다. 이 농담에서는 사회적 미덕에 따라 의욕 스위치가 바뀌었다. 이것은 집단

뿐 아니라 개인에게도 마찬가지다. 동기에 자극을 주는 포인트는 저마다 다르다.

두 번째는 동기가 생기는 과정을 알면 약간의 노력만으로도 의욕을 일으킬 수 있다는 점이다. 이 농담에서는 영웅, 미인, 규칙 등 단어를 조금씩 바꿔가면서 사람들에게 의욕을 일으켰다. 이렇듯 운동도, 공부도, 청소도 작은 노력만으로 의욕의 불을 지필 수 있다.

마음을 바꾸는 것은 상당히 어렵다. 그러나 자신의 감정에 불을 지피는 방법을 알면 의욕은 금세 올라간다.

이 책의 주제는 '억지로라도 의욕을 높이자'가 아니라 '나를 깨우는 방법을 발견하자'이다. 나를 깨우면 자연히 의욕에 불이 붙을 것이다. 그러기 위해서는 '나를 깨우는 스위치가 어디에 있는지' 그것을 발견하는 것이 중요하다.

아침형 인간을 예로 들어보자. 아침형 인간의 정석과 노하우를 무작정 따라 하는 것이 아니라 나를 깨우는 방법이 무엇인지 생각해봐야 한다.

새벽공부가 아침형 인간의 정석이라고 말하는 사람도 있지만, 모든 사람들이 새벽공부에 의욕을 내는 것은 아니다. 조기 품절되는 빵집이 의욕을 일으키는 동기가 되는 사람도 있고, 아침 일찍 베란다에 앉아 커피를 마시며 신문을 읽는 것이 의욕을 일으키는 사람도 있다. 또한 조용한 출근 전철 안에서 책 읽는 것이 의욕을 불러오는 사람도 있고, 아침에 조깅으로 출근하는 것이 의욕을 불타오르게 하는 사람도 있다. 그런가 하면 사람들에게 공개 선언한 후 매일 아침 기상시간을 페이스북에 올려 반강제적으로 의욕에 불을 지피는 사람도 있을 것이다.

운동도 마찬가지다. 모든 사람이 헬스장에서 러닝머신을 해야 운동에 의욕이 생기는 것은 아니다. 부부가 같이 산책을 할 때 의욕이 생기는 사람도 있고, 테니스나 수영이라면 매일 할 수 있는 사람도 있다.

또한 다른 시점으로 말하면, 예쁜 운동복을 보면 마라톤에 대한 의욕이 올라가는 여성도 있고, 친구와 함께 수다 떨면서 둘레길을 걷는 것이 운동의 의욕이 되는 사람도 있다. '철인 3종 경기에 도전한다', '풀 마라톤을 완주한다'는 도전목표를 만들어 꾸준히 운동하는 사람도 있다.

요약하면, 조금만 연구해도 의욕을 높이는 방법은 무수히 많다는 것이다. 반대로 말하면 포인트를 살짝만 벗어나도 습관화는 무산될 수 있다.

나는 많은 사람들을 코칭하며 깨달은 것이 하나 있다.

좋은 습관과 좋은 인생을 만드는 것은 '나를 깨우는 것을 찾는 감각! 나를 깨우지 못하는 것을 그만두는 용기!'에 있다는 것이다.

그래서 이 책의 핵심 콘셉트를 '나를 잘 깨우자'로 정했다.

'깼다? 깨지 않았다?'

'깨지 않았다면 어떤 방법으로 깨워야 할까?'

이렇게 자신에게 묻는 것이 대답을 찾는 길이다.

"어떻게 하면 나의 행동을 깨울 수 있을까?"

"어떤 사고방식을 가지면 깨울 수 있을까?"

"의욕을 높이는 신념이나 욕구는 무엇일까?"

"나를 깨워주는 환경은 어디에 있을까?"

이 책에서 소개하는 행동, 사고, 감정, 환경의 습관을 만드는 65가지 방법이 '나를 깨우는 방법'을 찾아줄 것이다. 사람들에게 딱 맞는 스위치를 발견해주기 위해 되도록 많은 항목을 준비했다. 따라서 자신에게 맞지 않는 것은 넘어가고 맞는 것을 실천해보길 바란다.

행동
습관

미루기,

작심삼일을

극복하다

나에게 딱 맞는
행동 스위치를 찾아내자

혹시 이런 고민을 하고 있지는 않은가?

일찍 일어나기, 운동, 일기, 청소, 영어공부 등을 '계속하지 못하고', 과식, 과음, 스마트폰 등을 '끊지 못하고', 새로운 것에 도전하고 싶지만 실패가 두려워 '행동하지 못한다'. 이메일 보내기, 보고서 작성 등 싫어하는 일은 '끝까지 미룬다'.

'계속하지 못한다', '끊지 못한다', '행동하지 못한다', '미룬다'.

행동 고민은 이 네 가지 키워드로 집약할 수 있다.

계속하지 못한다, 끊지 못한다

◆ 아침 일찍 일어나기 (밤을 새운다)

◆ 다이어트 (과식, 과음)

◆ 청소

◆ 영어공부

◆ 운동

◆ 일기, 블로그

미룬다, 행동하지 못한다

◆ 싫어하는 일은 끝까지 미룬다.

◆ 귀찮은 일은 마감 직전에 겨우 끝낸다.

◆ 새로운 것을 시작하지 못한다.

◆ 꿈과 목표를 향해 나아가지 못한다.

◆ 일을 끝내지 않은 채 방치한다.

이것들은 모두 '끈기'만으로 해결되는 문제가 아니다. 오히려 끈기보다는 '나를 깨우는 방법'을 찾아야 쉽게 해결된다.

나를 깨우는 방법이란 기술이기보다는 콜럼버스의 달걀과 같은 것이다. "맞아! 이거라면 할 수 있어"라는 작은 깨달음을 얻어야 비로소 나에게 딱 맞는 방법이 태어난다.

하지만 그 방법은 사람마다 다르기 때문에 "당신에게는 이 방법이 딱 맞습니다" 하고 내가 제시할 수는 없다. 내가 할 수 있는 건, 당신이 스스로 깨달을 수 있도록 다양한 방법을 소개하는 것뿐이다.

그럼, 습관화의 개념부터 간략하게 소개하겠다.

우리는 왜 습관 들이는 것을 이토록 어려워하는 걸까?

결론부터 말하면 뇌에는 '안전 유지 기능'이 있기 때문이다. 그래서 새로운 변화에 저항하고 현재상태를 유지하려 한다.

나는 이것을 '습관인력'이라고 부른다. 현재 습관을 버리고, 새로운 습관을 들이려고 하는 것은 뇌에게 '새로운 변화'다. 여기에는 좋은 습관도, 나쁜 습관도 없다. 이렇듯 뇌는 필사적으로 새로운 변화에 저항하기 때문에 우리는 작심삼일에 빠지는 것이다.

한편 뇌는 일정 기간 똑같은 행동을 지속하면 이번에는 그 행동을 '유지'하려고 한다. 어떤 행동을 무리 없이 꾸준히 할 수 있는 이유는 뇌가 '현재상태 유지' 단계에 들어왔기 때문이다.

이것이 바로 습관화된 상태다. 습관화된 상태에서는 다이어트도, 청소도, 운동도 하기 쉬워진다. 습관에는 다양한 종류가 있지만 청소, 공부, 일기, 절약 등의 습관은 약 한 달 정도 꾸준히 하면 습관화가 완성된다. 다이어트, 운동, 이른 기상, 커뮤니케이션, 금연 등 신체리듬에 관한 습관은 습관화하는 데 약 3개월이 걸린다.

그러면, 여기서 더 중요한 것이 있다. 그것은 바로 '습관의 동기'다.

당신의 의욕을 일으키는 것은 '쾌감 스위치'인가 '강제력 스위치'인가?

이것은 무엇을 습관화하고 싶은지에 따라 달라지지만, 본인의 성격에 따라서도 크게 좌우된다.

이를테면 나는 '강제력 스위치'에 불이 들어와야 의욕이 생긴다. 주변 사람에게 "아침 일찍 출근하겠다"고 선언해야 일찍 출근하게 되는 경우다.

한편 쾌감 타입의 사람은 "아침에 일찍 출근하면 맛있는 커피를 마시자" 혹은 "다이어트에 성공하면 예쁜 옷을 사자"와 같이 쾌감을 주축으로 자신을 깨워야 한다.

1장에서는 '행동습관'을 바꾸는 26가지 방법을 소개한다. 모든 사람에게 맞는 '만병통치약'은 없기 때문에 이 책을 읽으면서 자신에게 맞는 방법을 찾길 바란다. 26가지 방법 중에 세 가지 정도 찾으면 행동습관은 무리 없이 바뀔 것이다.

즐길 수 있는 것을 최우선하자

01

'해야만 하는 것'이 아니라
'하고 싶은 것'부터 시작하자!

'즐거움'은 습관화에 있어서 의외로 놓치기 쉬운 포인트다. 따라서 이것부터 소개하겠다.

우선은 '하기 싫은 일도 참고 계속하는 것이 미덕'이라는 가치관을 버려야 한다.

이런 가치관을 가진 사람은 즐기면서 하는 것은 '놀이'밖에 없다고 생각한다. 그러나 당연히 즐겁지 않은 일은 꾸준히 할 수 없다.

습관화는 기술만으로 완성되지 않는다.

왜냐하면 우리는 감정을 가진 동물이라 원칙대로라면 좋아하는 것은 꾸준히 하고, 싫어하는 것은 금방 포기해버리기 때문이다.

이를테면 나는 헬스장에 가도 러닝머신 앞에서는 의욕이 나지 않는다. 하지만 수영은 좋아해서 수영장 가는 것은 즐겁기만 하다.

지방연소 효율을 생각하면 수영보다 러닝머신이 효과적일지 모른다. 하지만 아무리 이를 악물어도 러닝머신은 얼마 뛰지 못하지만, 수영은 몇 시간이나 계속할 수 있다. 따라서 긴 시점으로 보면 나에게는

좋아하는 것은 꾸준히 할 수 있고,
싫어하는 것은 금방 포기하게 된다.

재밌다.

재미없다.

러닝머신보다 수영이 지방연소에 더 효과적이다.

만약 운동을 하고 싶다면 테니스도, 요가도, 탁구도, 걷기도 다 좋으니 즐기면서 할 수 있는 것을 최우선으로 골라보자.

운동을 예로 들어 이야기했지만, 공부나 청소도 마찬가지다.

중요한 것은 즐거움을 찾는 것이다. 즐거움은 뒷전에 두고, 의무감이나 보편적인 방식으로만 움직이려 하면 금방 지쳐버린다.

따라서 '해야 하는 것'이 아닌 '하고 싶은 것'부터 시작하길 바란다.

'할 수 있는 것'부터 시작하자

02

중요한 것은 '처음 한 걸음', 일단 시작하면 의욕은 자연히 생길 것이다.

10년 동안 하루도 거르지 않고 매일 일기를 쓰고 있는 사람에게 그 비결을 물어본 적이 있다.

그는 "무리하지 않을 것, 단 한 줄이라도 좋으니까 매일 쓸 것"이라고 대답했다.

그렇다. 이 '베이비 스텝'이 행동과 꾸준함의 진리다.

베이비 스텝이란 무언가를 시작할 때 아가처럼 작은 한 발을 떼는 것을 말한다.

처음 시작하기 전에는 마음이 무겁지만, 막상 시작하고 나면 의욕이 샘솟아 나도 모르게 빠져든 경험은 누구에게나 있을 것이다.

행동을 '0'에서 '1'로 옮기는 데는 매우 큰 힘이 필요하지만, '1'에서 '2'로 그리고 '3'으로 옮기는 데는 그다지 많은 힘이 필요하지 않다. 즉 첫걸음에 가장 큰 힘이 필요하다는 뜻이다.

무언가를 꾸준히 하지 못하는 사람 중에는 의외로 완벽주의자가 많다.

내일부터 갑자기 5시에 일어나려고 하지 말고, 우선은 평소보다 15분 일찍 일어나자.

극단적인 다이어트를 하지 말고, 우선은 점심밥을 반 공기 줄여보자.

완벽주의자는 일기를 한 줄만 써도 된다는 생각을 하지 못한다. 오히려 "쓸 거라면 제대로 써야 한다"며 기대치를 높인다.

하지만 그 높은 기대치는 무의식중에 기준이 되어, 행동을 막고 습관을 막는다.

이 베이비 스텝은 미루는 것, 꾸준히 하지 못하는 것, 행동하지 못하는 것에 대한 고민을 단번에 해소시키는 강력한 해결책이다.

포인트는 '귀찮다', '두렵다', '불안하다'는 감정이 나오지 않도록 철저하게 기대치를 낮추는 것이다.

그리고 꾸준히 하기 위해서는 기대치를 낮추되 절대로 '제로'로 하지 않는 것이 중요하다.

베이비 스텝의 구체적인 설정방법

◆ 조깅을 한다 ➡ 운동복을 입는다

◆ 다이어트를 한다 ➡ 저녁밥을 반 공기로 줄인다

◆ 청소를 한다 ➡ 5분만 청소한다, 화장실만 청소한다

◆ 금주를 한다 ➡ 하루 3잔 마시던 맥주를 2.5잔으로 줄인다

◆ 아침 5시에 일어난다 ➡ 지금보다 15분만 일찍 일어난다

이 정도라면 첫걸음을 뗄 수 있을 것이다.

우선은 시험 삼아 시도해보자

03

이것저것 시도하면서
나와 맞는 것을 선택하자.

이것은 '감정습관' 파트에서 자세히 다룰 테지만, 나와 딱 맞는 행동은 무리 없이 꾸준히 할 수 있다.

그리고 나와 맞을지 맞지 않을지는 실제로 해봐야 알 수 있다.

이를테면 "매일 운동하자!" 결심했다고 하자.

조깅이나 테니스 등 어떤 운동이 나와 맞을지 알기 위해서는 우선은 다양한 운동을 해봐야 한다.

그러면 '조깅을 할 때는 기분이 매우 상쾌해진다'거나 '테니스는 생각보다 재미없다'는 등 몸과 마음이 알려줄 것이다.

또 '아침 조깅이 좋을지, 저녁 조깅이 좋을지 잘 모르겠다' 싶을 때는 우선 시험 삼아 아침에도 달려보고 저녁에도 달려봐야 한다.

아침형 인간은 "아침에 조깅하면 조용하고 신선한 공기를 마실 수 있어서 좋다"고 말한다. 반면 저녁형 인간은 "저녁에 조깅하면 하루의 스트레스를 날려버릴 수 있고, 그날을 기분 좋게 마감할 수 있다"고 말한다.

아침에 달려본다.　　　　　　밤에 달려본다.

이렇듯 정답은 없다. 한번 시도해보고 나와 맞는 것을 하면 된다.

무언가를 '해보는 것'뿐만 아니라 시험 삼아 '끊어보는 것'도 습관화에 있어서 효과적인 방법이다.

이를테면 "일주일만 시험 삼아 아침 15분 동안 인터넷을 보지 말자", "우선은 2주 동안만 불필요한 회의를 하지 말자", "3일 동안만 밤 10시 이후에 핸드폰 전원을 꺼보자", "3일 동안만 눈치 보지 말고 정시 퇴근해보자"라는 식으로 끊는 시도를 하는 것이다.

부작용이 두려워 끊지 못하는 사람도 있다. 하지만 그 부작용은 실제로 끊어봐야 알 수 있는 것이다. "한번 끊어본 후 부작용이 생기면 되돌리자"는 마음가짐으로 시험 삼아 끊어보는 것도 좋다.

만약 부작용이 생기지 않았다면 그 방법을 꾸준히 하면 된다.

"끝까지 해야만 한다", "반드시 끊어야 한다"는 의무감만큼 우리의 의욕을 막는 것도 없다.

시험 삼아 이것저것 시도해보고, 맞으면 선택하고 아니면 다른 아이디어로 내 행동을 수정해보자.

힘든 날은 '예외법칙'으로 이겨내자

04

습관에 '예외법칙'을 설정하면
어떤 때에도 유연하게 대처할 수 있다.

"매일 한 시간씩 영어공부를 하자."

"매일 아침 5시에 일어나자."

"매일 30분씩 조깅하자."

이렇게 결심해도 매일 같은 페이스로 한 달 동안 유지하기란 결코 쉽지 않다.

이를테면 "매일 한 시간씩 영어공부를 하자"고 결심해도 갑자기 일이 생겨 야근을 하거나, 상사에게 혼나 공부할 마음이 들지 않거나, 수면부족으로 피곤해 의욕이 나지 않거나, 회식 때문에 술을 마셔 공부에 집중할 수 없거나, 이런저런 예상하지 못한 일은 일어나게 된다.

이런 예상하지 못한 일 때문에 공부를 하지 못하는 날이 늘어나면 자기혐오감이나 무기력감에 의해 의욕은 사라지고 결국 좌절해버리게 된다.

이것을 미연에 방지하기 위해서라도 우리는 습관에 '예외법칙'을

야근을 한 날은 전철 안에서
영어 교재를 읽자.

기분이 내키지 않는 날은
문제집 한 페이지만 보자.

설정해야 한다.

예외법칙이란 혹시 모를 일을 대비해 미리 대책을 만들어놓는 것이다. 그러면 어떤 상황에서도 변화에 유연하게 대응할 수 있다.

이를테면 '기분이 내키지 않고 피곤할 때는 문제집 한 페이지만 본다', '11시 이후에 퇴근하는 날은 전철 안에서 영어 교재를 읽는다'는 등의 방법을 생각하는 것이다.

예외법칙은 나태해진 나를 용서하는 것이 아니라, 꾸준히 할 수 있도록 유연성을 갖는 것이다.

완벽주의 성향이 강한 사람은 "끝까지 하지 않는 것은 시작도 안 하는 것과 같다"며 극단적으로 생각한다. 따라서 예외법칙은 그런 사람에게 매우 효과적이다.

　습관화에 있어서 중요한 것은 안정된 선에 이를 때까지 행동을 '제로'로 하지 않는 것이다.

　제로가 되면 재가동하는 데 매우 많은 힘이 필요하게 된다.

　피곤한 날이나 갑작스럽게 일이 생긴 날은 예외법칙을 활용해보자.

　그러면 "오늘도 빼먹지 않고 해냈다!"는 뿌듯함에 의욕이 유지될 수 있다.

모양새부터 갖추자

05

의욕을 높이는 도구를 사용해
나를 그 기분에 맞추자.

"나는 장비부터 갖추는 사람이야."

이렇게 말하는 사람은 의외로 많이 있다.

이것은 결코 나쁜 것이 아니다. 오히려 습관화의 의욕을 높이는 데 효과적인 방법이라고 말할 수 있다.

둘레길 걷기를 습관화하기 위해 조금 무리해서 고가의 운동복을 구입한 여성이 있다.

"내 몸에 딱 맞으니까 분명 예쁘게 보일 거야."

그녀는 당장이라도 둘레길을 걷고 싶은 기분이 들었다.

골프를 치는 사람 중에도 고가의 드라이버나 옷을 구입해 의욕을 높이는 사람이 있다. 그런 사람은 고가의 드라이버에 맞는 고급기술을 익히자며 연습도 열심히 한다.

또한 독서일기를 습관화할 때도 우선은 언제 어디서나 사용할 수 있는 가볍고 튼튼한 노트북부터 준비한 후에 마음을 다잡는 사람도 있다. 즉 장비부터 구입한 후에 습관을 들이는 것이다.

멋진 운동복으로 달릴 준비를!

고가의 드라이버를 구입하자
의욕이 올라갔다!

나는 20대 때 미술학원을 다닌 적이 있다.

그때 나는 이젤과 컬러풀한 물감도구 한 세트와 데생용 연필을 구입했다. 마치 화가가 된 것 같은 기분이 든 나는, 미술용품에 맞는 실력을 갖추자며 열심히 학원에 다녔다.

장비나 옷을 먼저 구입해야 의욕이 올라가는 사람은 이 방법을 꼭 시도해보길 바란다.

만약 당신이 무언가 행동할 때 장비부터 구입해야 시작할 마음이 든다면 이 방법이 반드시 통할 것이다.

누군가와 함께하자

06

함께할 상대가 있으면
즐거움이 지속된다.

누군가와 행동과 열정을 함께해야 의욕이 나는 사람이 있다.

나의 부모님은 20년 동안 함께 걷기운동을 하셨다. "부부가 같이 걸어서 오래 할 수 있었다"고 부모님은 말씀하신다.

두 분에게 걷는 시간은 단순한 운동 시간이 아니라, 서로의 건강을 챙기고 자식이나 손자 이야기를 나누는 시간이기도 하다. 따라서 이것이 지속의 요인인 것 같다.

내 친구는 가계부를 분석하는 커뮤니티를 이끌고 있다.

가계부 분석은 개인이 하는 거라고 생각하기 쉽다. 그러나 가계부는 혼자 써도 그것을 분석하는 것은 개인이 하기 꽤 힘든 작업이다. 또한 쓰기만 할 뿐 분석하지 않으면 그 효과는 한정적이다.

이 커뮤니티에서는 같은 고민을 가진 사람들이 한 달에 한 번 세미나룸에서 만나 묵묵히 집중하면서 가계부를 되짚어보고 분석한다.

딱히 무언가를 배우기 위해 모이는 것이 아니다. 그곳에 가면 모두 같은 목적으로 집중하고 분석하기 때문에 자신도 깊이 생각할 시간을

둘이서 걷기운동을 하면
대화가 생겨 운동이 즐거워진다.

열정을 나눌 친구가 있으면
중간에 포기하지 않고 열심히 하게 된다.

가질 수 있고, 개선책이 보이기 때문에 만나는 것이다.

자격증 공부도 마찬가지다. 혼자 우두커니 집에서 공부하는 것보다 스터디 모임에 나가면 같은 열정을 가진 사람들의 에너지를 느낄 수 있다. 그러면 자연히 의욕도 올라갈 것이다.

사람은 다른 사람의 영향을 받기 쉽다.

무언가 하고 싶은 것이 있다면 친구나 가족과 함께 시작하거나, 이미 존재하는 커뮤니티에 참가해보자.

누군가와 함께하면 열정이 생기고, 나아가 꾸준히 할 수 있게 된다.

다른 사람의 행동을 따라 하자

07

습관화한 사람의 이야기를 듣고,
좋은 방법은 따라 해보자.

습관을 어떻게 들여야 할지 모를 때는 '다른 사람의 정보'를 듣는 것
도 하나의 방법이다.

이를테면 영어공부를 습관화하고 싶다면 '이미 습관화한 사람'에게
어떤 방법으로 꾸준히 영어공부를 할 수 있었는지 물어보는 것이다.

> A : "토요일은 도서관에 간다."
> B : "출퇴근 시간에 영어회화 방송을 듣는다."
> C : "아침에 인터넷 영어 강좌를 듣는다."
> D : "토익 800점을 목표로 공부한다."
> E : "토요일에 아이와 함께 공부한다."
> F : "하루에 하나씩 테드(TED) 강연을 듣는다."

이렇듯 열 사람에게 물으면 열 가지 방법이 나올 것이다.

당연히 정답은 없다. 많은 사람들에게 물어본 후 내 기분이 내키는

것을 따라 하면 된다.

또한 공부 방법뿐만 아니라 지혜도 물을 수 있다.

만약 업무에 관해서라면 '이메일 작성 방법', '기획서 작성 방법', '상사에게 보고하는 방법' 등이 있을 것이다. 이것도 구체적인 방법을 들으면 나와 맞는 행동을 발견할 수 있다.

'따라 하기'가 습관화에 좋은 이유는 행동 레벨이 낮기 때문이다. 그래서 '노하우'보다는 쉽게 접근할 수 있다.

이처럼 나는 어떤 일이 있을 때마다 주변 사람들에게 그 '실천 예'를 자주 묻는다.

'습관화에 대한 아이디어가 좋아진다'는 것이 바로 실천 예가 중요한 이유다. 즉 누군가에게 방법을 물을 때마다 내 아이디어의 폭은 넓

영어공부를 어떻게
습관화했습니까?

어진다고 할 수 있다.

그러나 사람에게 직접 묻기 어렵다면 인터넷을 활용하는 것도 하나의 방법이다.

요즘은 포털사이트나 SNS를 통해 많은 사람들의 실천 예를 들어볼 수 있다.

다른 사람의 예를 보고 "이것도 좋은 방법이다!" 하는 생각이 들면, 그때부터 깨달음이 생겨날 것이다.

자신이 직접 깨달은 실천법은 나와 잘 맞아 꾸준히 하기가 더 쉽다.

의욕을 높이는 선물을 준비하자

08

가끔씩 나에게 선물을 하자.

진부한 방법이지만, 선물은 의욕을 높이는 효과적인 방법이다.

새로운 일이나 힘든 일을 하고 있을 때는 역시 '채찍'보다 '당근'이 효과적이다.

크든 작든 나에게 보내는 선물을 준비해보자.

이를테면 '조깅을 하면 맥주 선물을 한다', '아침 일찍 일어나면 커피 선물을 한다', '일을 빨리 끝내면 영화 선물을 한다'는 식이다.

또 일이 바빠 매일 야근을 했다면 '휴가 선물'로 기분전환을 할 수도 있을 것이다.

물론 큰 선물만 좋은 것은 아니다. 많은 일 중 하나를 끝냈다면 '커피를 마신다', '과자를 먹는다', '좋아하는 노래를 들으면서 기분전환을 한다'처럼 매일 짧은 시간에 얻을 수 있는 작은 선물도 효과적이다.

나의 집필 습관은 '90분 동안 집중해 일을 하고, 15분 동안 좋아하는 책을 읽는 것'이다.

15분 독서는 나에게 집필 습관을 유지하는 의욕이 된다. 또한 기분전환이 되어, 집필을 재가동하는 데에 더없이 좋은 리프레시 방법이다.

오늘 하루가 끝나면 바에
가서 술 한잔 해야지.
· · · · · ·

· · · · · ·
일을 하나 끝내면
15분 동안 책을 읽어야지.

이번 프로젝트 끝나면
여행 가자!

유튜브를 보며 기분을 바꾸는 것도 하나의 방법이지만, 유혹에 이끌리면 집필을 재가동할 수 없기 때문에 나에게는 책이 가장 좋은 선물이다.

또한 오늘 하루 열심히 산 나에게 주는 '밤 선물'은 대하드라마 한 편을 보는 것이다. 역사를 배우는 것은 일에도 도움이 되고, 무엇보다 재밌고, 드라마를 다 본 후에는 마음에 무언가가 남기 때문이다.

사소한 것이지만, 오늘 하루를 열심히 산 나에게는 매우 기쁜 선물이다.

이렇듯 가끔씩 나에게 선물을 주며 의욕을 높여보자.

기록하여 성취감을 맛보자

09

성과와 노력을 수치화하면
의욕이 올라간다.

"기록을 하자 의욕이 올라갔다!"

이런 경험은 누구나 있을 것이다.

내가 어렸을 때는 여름방학이면 관공서에서 매일 맨손체조를 장려했다.

솔직히 말해, 어렸던 나는 그 맨손체조가 매우 귀찮았다. 그것은 나뿐만 아니라 모든 아이들이 그랬을 것이다. 성인이면 몰라도 "여름방학에도 규칙적인 생활을 위해 꾸준히 맨손체조를 하자!"라고 생각한 아이는 드물었을 것이다.

그러나 귀찮고 하기 싫으면서도 광장에 나가 체조를 하고 출석카드에 도장을 받으면 왜인지 기분이 좋아졌다. 그래서 나는 "졸려서 더 자고 싶었지만 그래도 오길 잘했어"라고 생각하곤 했다.

'오늘도 도장을 받았다'는 성취감이 의욕을 높여준 것이다.

물론 출석카드에 빠짐없이 도장을 다 받으면 과자 선물을 줬지만, 무엇보다 동그라미 도장을 받으면 "오늘도 해냈다!"는 뿌듯함에 기분

오늘의 업무
성취도는 120%다.

오늘은 시속 6km로
10km 달렸다!

이번 주는 하루도
빼먹지 않고
영어공부를 했다!

이 좋아졌다.

이렇듯 노력을 수치화하면 의욕이 올라가는 사람이 있다.

만보기가 걷기운동에 효과적인 이유는 노력이 수치로 보이기 때문이다. 수치화되면 인간은 "조금만 더 힘내자!" 하며 의욕을 불태우게 된다.

조깅을 할 때는 심박계를 달아 측정하면, 분당 몇 킬로미터를 달렸는지, 지방연소율은 어떻게 되는지 알 수 있어서 의욕을 유지하기 쉽다.

최근에는 수면 시간과 수면의 질을 평가하는 기계도 등장했다고 한다.

오늘은 83점, 어제는 50점이라는 '수면 점수'를 알게 되면 "얕은 잠을 자는 시간이 많으니까 밤에는 술을 마시지 말자"거나 "운동으로 수

면의 질을 높여보자" 또는 "30분 일찍 자서 수면 양을 늘려보자"라는 개선책이나 의욕이 샘솟을 것이다.

성과가 눈에 보여야 행동하는 사람은 '기록하는 방법'을 꼭 활용해 보자.

사람들에게 '좋아요'를 받자

10

칭찬받으면 의욕은 올라간다!

A씨는 아침에 조깅을 하면 스마트폰으로 러닝 기록을 잰 후 자신의 페이스북에 올린다.

그 이유는 자신의 러닝 기록을 나중에 다시 보기 위해서이기도 하지만, 무엇보다 친구들이나 러닝 동호회 사람들에게 '좋아요'를 받으면 의욕이 올라가기 때문이다.

"오늘도 일찍 일어났구나."

"아침 공기가 상쾌해 보여요."

"나도 같이 달리고 싶다."

그는 이런 댓글들이 좋아 페이스북에 자신의 러닝 기록을 빼먹지 않고 올린다고 했다.

특히 풍경사진을 올리면 친구들에게 폭발적인 반응이 쏟아지기 때문에 '오늘은 어떤 풍경사진을 올릴지' 찾는 것도 하나의 즐거움이 됐다고 한다.

나는 이메일 매거진에 '다이어트', '아침형 인간', '아웃풋', '독서' 등 같은 목적을 가진 사람들이 모여 함께 습관을 만드는 부활동을 운영

연간 책 100권을
읽었더니 SNS에서
'좋아요'를 받았다.

하프 마라톤을 완주했더니
친구가 '대단하다'고
말해줬다.

매일 거르지 않고
청소했더니 아내가
칭찬해줬다.

하고 있다. 여기서는 페이스북에 자신의 성과를 올린 후 서로 '좋아요'를 누르는 방식으로 의욕을 높인다.

'칭찬받고 싶다, 인정받고 싶다'는 인정욕구는 사람의 기본적인 욕구다. 따라서 '인정', '칭찬', '좋아요'라는 쾌감을 이용해 행동을 가속화시키는 것은 의욕의 원칙에 따르는 방법 중 하나다.

매일 반복되는 작은 습관을 자기 자신에게 매번 칭찬하기란 결코 쉽지 않다. 그럴 때는 다른 사람에게 칭찬을 기대하는 것도 좋은 방법이다.

의욕을 높이는 방법을 찾자

11

자연스럽게 의욕이 올라가는
방법을 구사하자.

나는 자료를 작성할 때면 항상 타이머를 설정한다. 원고를 집필할 때나 기획서를 작성할 때도 마찬가지다.

나는 시간을 정해놔야 집중력이 올라가는 타입이고, 그 도구가 바로 타이머다.

또한 내가 지금 사용하고 있는 노키아 시계는 습관화의 '동반자'로 활동해주고 있다. 디자인이 세련되어 언뜻 보면 스포츠시계처럼 보이지 않지만 그 기능은 정말 다양하다. 걸음 수와 소비 칼로리 등 운동기록은 물론이고, 수면기록, 알람, 휴대전화 착신까지 알려주는 1석5조의 도구다.

단지 도구일 뿐이지만 운동과 수면이 자동적으로 기록되고, 알람이 진동으로 울리기 때문에 일찍 일어나는 날 가족에게 피해를 끼치지도 않는다.

이렇듯 의욕을 높여주는 물건을 활용하는 것도 하나의 방법이다.

'사무실에서는 슬리퍼로 갈아 신는다', '푹신한 의자 쿠션을 사용한

중요한 날에는
양복을 입는다.

· · · · ·

슬리퍼와 쿠션을 사용해
편안한 작업환경을
만들었다.

집중력이 떨어지면
백색소음을 들으면서
작업한다.

다', '마음에 드는 만년필을 구입해 글씨를 쓰면서 생각한다' 등 주변
에 있는 물건을 잘 활용하는 것만으로도 의욕은 올라간다.

이 밖에도 이런 예를 들 수 있다.

◆ 책상 높이를 시선 높이에 맞추자 어깨 결림도 없어지고 자세도 좋아졌다.

◆ 새하얀 A4 용지에 아이디어를 적자 많은 아이디어가 떠올랐다.

◆ 포스트잇을 사용하자 문서의 우선순위를 정리할 수 있게 됐다.

◆ 화분을 갖다 놓자 일의 피로감이 줄어들었다.

◆ 백색소음을 들으면서 일을 하자 집중력이 올라갔다.

이렇듯 작은 도구를 활용하는 것만으로도 일의 집중력과 환경은
좋아진다.

'언제 할지' 타이밍을 연구하자

12

타이밍을 정해두면
습관화가 쉬워진다.

'언제 할지 결정하는 것만으로도' 행동의 실행 확률은 올라간다.

동기과학에는 '조건부 계획(If then planning)'이라는 방법이 있다. 간단하게 말하면 '언제 시작할지', '언제까지 할지' 타이밍을 정해두면 행동하기 쉬워진다는 것이다.

만약 상사가 다음과 같은 두 가지 타입으로 '보고서 마감일'을 말했다고 하자. 부하직원인 우리는 상사가 어떻게 말해야 보고서 마감일을 지킬 수 있을까?

❶ 다음 주까지 보고서 만들어 와!
❷ 이번 주 금요일 6시까지 보고서 작성하도록!

두 번째 방법으로 말해야 우리는 행동하기 쉬워질 것이다. 행동에 타이밍을 정해두는 것만으로도 뇌가 받아들이는 인상은 크게 바뀐다.

이것은 '조건부 계획을 만들면 행동의 실행 가능성이 300% 높아진

점심식사 후
상사에게 반드시
오전업무를 보고한다.
· · · · ·

· · · · ·
매일 아침 출근 전 30분
동안 카페에서 공부한다.

· · · · ·
퇴근길 전철 안에서
내일의 업무계획을 세운다.

다'는 연구결과가 있을 정도로 효과가 높은 방법이다.

어떤 상사는 "후배 직원들과 대화를 많이 나눠야겠다" 결심했지만 일이 너무 바빠 그렇게 하지 못했다. 그러나 "아침회의 후 5분 동안 후배 직원과 대화를 나눠야겠다"라고 그 타이밍을 정해두자 이번에는 결심을 지킬 수 있었다.

일상 속에서 이러한 타이밍으로 설정하기 좋은 시간은 '기상 후 바로', '출퇴근 시간', '걷는 시간', '사무실에서 컴퓨터가 켜지길 기다리는 동안', '점심 시간', '목욕 시간', '취침 전' 등이다.

또한 '언제 할지'에 더해 '어디서 할지'를 덧붙이면 행동의 실천 가능성은 더욱더 높아진다.

◆ 아침에 '회사 근처 카페에서' 30분 동안 영어공부를 한다.

◆ 매일 '출근 전철 안에서' 10분 동안 업무계획과 우선순위를 생각한다.

◆ 회의 전에 '휴게실에서' 15분 동안 의견을 정리한다.

이처럼 타이밍에 장소를 덧붙이는 것만으로도 행동과 지속률을 높일 수 있다.

공개선언으로 후퇴할 길을 막자

13

사람들에게 선언하면
각오를 다질 수 있다.

당신은 '나와의 약속'과 '타인과의 약속' 어느 쪽을 중시하는가?

이런 질문을 하면 90% 이상의 사람들이 '타인과의 약속'이라고 대답한다.

'타인과의 약속'을 중시하는 이유는 물론 상대에 대한 성의 때문이기도 하지만 비난받지 않으려는, 또는 비웃음당하지 않으려는 생각때문이기도 하다.

사람은 누구나 타인에게 '좋은 모습'만 보여주고 싶어 한다.

그 심리를 이용한 것이 바로 '공개선언 효과'다.

나는 이전에 '7시 출근'을 습관화하기 위해, 출근하면 사무실 시계 사진을 찍어 내 커뮤니티의 SNS에 올린 적이 있다.

"커뮤니티의 주재자인 내가 습관화에 실패해서는 안 된다."

"주재자로서 부끄럽지 않으려면 무슨 일이 있어도 반드시 7시에 출근해야 한다."

내 경우 이런 긴장감이 늦잠을 뿌리치는 마력이 됐다.

15년 전 금연을 할 때도 마찬가지다. 나는 많은 사람들이 모인 회식 자리에서 금연을 선언했다.

당시 선배가 "너 절대 금연 못 할걸"이라고 한 말에 오히려 오기가 생기기도 했다.

내 지인 중에는 매일 아침 상사에게 자신의 업무일지를 보여주는 사람이 있었다. 이런 식으로 긴장감을 만들어 업무의 효율성을 높인 것이다.

또 다른 지인은 "6개월 안에 토익 700점을 맞겠다"고 동료들에게 선언한 후 영어공부에 습관을 들인 사람도 있다.

공개선언이 그다지 효과적이지 않은 사람도 있겠지만, 사람에 따라서는 타인과의 약속이 강력한 강제력이 되어 행동을 유지시켜주는 경우도 있다.

후퇴할 길을 막아야 의욕이 생기는 사람이라면 이 방법을 꼭 실천해보길 바란다.

의지를 불태울 목표를 세우자

14

의욕이 나지 않을 때는
목표를 세워보자.

'성취욕'이 강한 사람은 그만큼 높은 목표를 세워야 의욕을 키울 수 있다.

이를테면 운동을 할 때도 "매일 30분씩 달리자"는 반복적인 목표가 아니라 "풀 마라톤을 완주하자", "철인 3종 경기에 참가하자"는 등 자극적인 목표가 있어야 의욕에 불이 켜지는 사람이 있다.

나도 운동을 습관화하기 위해 "극진공수도 경기에 출전하겠다"는 목표를 세운 적이 있다. 그렇게 목표를 세우자 의욕이 단숨에 높아졌다.

온몸으로 격하게 싸우는 극진공수도는 근육운동을 제대로 하지 않으면 부상을 당할 정도로 혹독한 운동이고, 시합에 출전하는 것조차 힘든 운동이다. 그래서 시합 출전을 위해 반드시 근육을 키우고 체력을 기르자는 의욕이 생긴 것이다.

중요한 것은 목표 달성이 아니라 의욕을 키우는 것이다.

다만 이때 주의해야 할 점이 있다. 그것은 성취욕에 휩싸여, 짧게 노

력하고 끝내지 말아야 한다는 점이다. 즉 단기집중 노력은 의미 없다는 것이다.

단기집중형 사람은 마치 로켓 발사처럼 처음에는 집중을 잘하지만 그 속도가 금방 떨어지기 쉽다. 따라서 큰 목표를 세우는 것도 좋지만 그에 맞는 행동을 습관화하는 것이 중요하다. 철인 3종 경기도, 자격증 공부도, 영어 공부도 매일매일 행동하는 습관화가 필요하다.

자극적인 목표가 있어야 의욕이 나는 사람은 반드시 목표를 세워보자.

모든 사람 안에는 '지속 스위치'가 있다. 문제는 그 스위치를 발견하느냐 발견하지 못하느냐.

'손해 보고 싶지 않다'는
심리를 이용하자

15

돈을 먼저 지불하면 '결과'에 맞는
노력을 할 수 있다.

'손해 보고 싶지 않다'는 마음은 누구에게나 있는 심리다.

돈을 투자한 후 손해 보지 않는 방법은 무엇일까?

그것은 결과를 내는 것이다.

무언가를 해보겠다고 결심해도 의욕이 금방 꺾이는 사람 중에는
돈을 투자하면 '본전 생각'이 나 의욕이 샘솟는 타입도 있다.

- ◆ 영어교재 구입에 10만 원을 투자했다.
- ◆ 자격증 학원에 1년 치 비용을 냈다.
- ◆ 몸을 만들기 위해 개인트레이너와 6개월 계약을 맺었다.

이처럼 돈을 투자해서 굳은 결의를 다지는 것이다.

이것은 소위 말해 '본전 생각' 작전이다.

스물다섯 살 때였다. 나는 사고력을 키우기 위해 집에서도 할 수 있

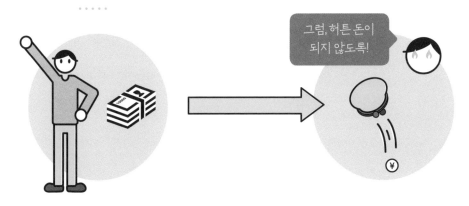

는 교재를 찾아다녔다. 그때 우연히 '문제해결 강좌'라는 것을 발견했는데, 결제를 하면 DVD와 교재가 집으로 배송되고, 그것을 6개월 동안 꾸준히 따라 하는 강좌였다.

당시 직장인이었던 나는 "문제해결능력은 성장에 반드시 필요하다"고 생각하여 고민 끝에 20만 엔을 강좌에 투자했다.

상여금으로 받은 돈을 강좌에 투자한 나는 그야말로 '본전을 뽑기 위해' 열심히 공부했다. 6개월 안에 코스를 끝내야만 자격증이 나왔기 때문에 나는 더욱더 의지를 불태웠다.

그 6개월 동안 평일 밤과 토요일에는 정말 공부만 했다. 그것은 지금도 나의 양식이 되고 있다.

물론 '돈만 투자하고 공부는 게을리하는' 사람도 있다.

이 장을 통틀어 하는 이야기지만, 모든 사람에게 맞는 '만능 스위치'는 없다.

자신에게 맞는 것이 있으면 맞지 않는 것도 있다.

따라서 마음이 반응하는 방법만 시도하면 된다.

돈을 사용하면 의욕이 생기는지, 반대로 부담이 되는지는 자신의 마음에 물어봐야 알 수 있다.

동경하는 사람을 찾자

16

'저 사람처럼 되고 싶다'는 바람은
의욕을 지속시켜준다.

'저 사람처럼 되고 싶다'는 '동경 대상'을 만들면 의욕은 꺾이지 않는다.

실패한 직장인에서 성공한 사업가가 된 어느 유명 블로거가 있다. 그는 자신의 블로그에 "조깅이 인생역전의 발판이 돼주었다"고 썼다.

그의 이야기에 깊이 감명받은 내 클라이언트 N씨는 그 블로거가 했던 것처럼 365일 쉬지 않고 매일 조깅을 했다.

그 블로거가 쓴 직장인 시절의 에피소드가 자신의 현재 모습과 겹쳐 보여서 "나도 쉬지 않고 매일 달리면 저 블로거처럼 인생이 바뀔지도 모른다"는 강한 열망을 갖게 됐다고 한다.

그리고 N씨는 3년이 지난 지금도 여전히 조깅을 하고 있다.

N씨는 조깅이 하루 일과가 되자 스트레스가 줄어들고 자존감도 높아졌다. 또한 꿈도 찾을 수 있게 됐다.

"유명 블로거처럼 되고 싶다"는 바람에서 시작한 조깅은 그를 성장시키고 좋은 습관을 만들어줬다.

◆ "누구처럼 예쁜 몸매를 만들고 싶다." ➡ 근력운동을 하자!

◆ "누구처럼 유창한 발음으로 영어회화를 하고 싶다." ➡ 영어공부를 하자!

◆ "누구처럼 많은 사람 앞에서도 당당하게 프레젠테이션을 하고 싶다." ➡ 프레젠테이션 연습을 하자!

공부도, 운동도, 일도 '저 사람처럼 되고 싶다'는 동경 대상을 만들면 의욕에 불이 켜진다.

'동경'은 우리에게 아주 좋은 자극제가 된다.

나의 마음을 사로잡는 훌륭한 자극제를 발견해보자.

나를 깨우는 루틴을 만들자

17

나를 고양시키는 '루틴'을 만들면
자연스럽게 작업에 몰두할 수 있게 된다.

아침 하루의 시작이 그날을 결정한다.

하루를 어떻게 시작하는지에 따라 삶의 질이 크게 바뀐다.

우리는 아침에 눈 뜬 후 어떤 행동으로 뇌와 몸을 깨울까?

이를테면 샤워로 하루를 시작한다는 사람이 있다. 그런 사람은 샤워를 하면 하루를 상쾌하게 시작할 수 있다고 말한다.

'커튼을 열고 아침 햇살을 쬔다', '눈 뜨자마자 침대 위에서 스트레칭을 한다', '따뜻한 커피를 마신다', '베란다 화분에 물을 준다' 등 하루를 시작하는 의식은 사람마다 다르다.

나는 아침에 일어나면 우선 커피를 마신다. 그런 다음 라디오를 들으면서 아침식사를 한다. 눈으로 보는 TV와 달리 라디오는 귀로 듣는 것이기 때문에 라디오를 들으면 아침 준비가 그만큼 빨라진다.

그 후 사무실에 가면 집필활동 등 창조적인 일을 하기 전에 뇌를 활성화시키는 나만의 루틴이 있다.

지금은 '사무실 정리→하루 일과와 목표 쓰기→명상→고전 읽

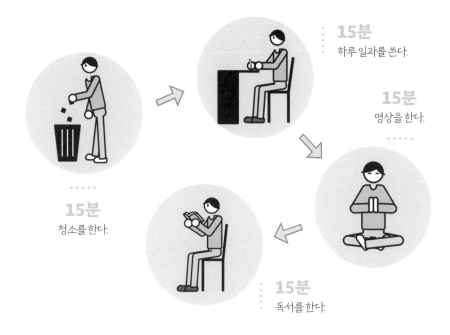

15분
하루 일과를 쓴다.

15분
명상을 한다.

15분
청소를 한다.

15분
독서를 한다.

기'를 반복한다. 각각 15분씩 타이머를 맞추고 하기 때문에 모든 행동을 다 하는 데는 1시간 정도가 걸린다.

　머리와 마음을 완벽히 준비시킨 후 오전에는 집필 등 창조적인 작업을 한다. 이렇게 한 시간 정도 지나면 내 안에 있는 모든 스위치는 완전히 켜지게 된다.

　이 행동을 반복하는 것만으로도 창조적인 생산성은 매우 높아진다.

　내 예는 특수한 경우지만, 하루를 활동적으로 여는 루틴을 만들어 보자.

　가장 기분 좋게 나를 깨우는 루틴을 만들면 질질 끌려다니는 기분은 줄어들고 나를 컨트롤하기 쉬워진다.

'일석이조'로 하자

18

라디오 학습과 운동은
'일석이조'로 하면 지속하기 쉽다.

"시간이 없다!"

이것만큼 행동을 막는 큰 요인도 없을 것이다. 새로운 것을 시작하고 싶어도 '바빠서 그럴 시간이 없는' 사람이 많다.

그런 사람에게 추천하는 방법이 '일석이조 작전'이다.

새로운 것을 시작하려고 할 때 지금 하고 있는 것과 '같이 하는 것'만으로도 시간부족 문제를 해결할 수 있기 때문이다.

그러면 '일석이조 작전'의 절호의 타이밍은 언제일까?

운동 시간, 걷는 시간, 기다리는 시간, 식사 시간, 목욕 시간 등이다.

나는 전국 각지에서 강연과 컨설팅을 하고 있기 때문에 이동 시간이 빈번하게 발생한다. 이 시간은 나에게 '절호의 공부 기회'가 된다.

이를테면 나는 강연 자료를 스마트폰에 넣고 이동 중에 듣는다. 그러면 지루한 이동 시간은 설레는 학습 시간으로 바뀐다.

운동을 할 때도, 운동만 하는 그 한 시간이 아까워 실내자전거를 타면서 책을 읽는다.

전철이나 버스를 타면서

기다리면서

걸으면서

식사하면서

목욕하면서

이렇게 하면 공부도 운동도 할 수 있기 때문에 한 시간의 가치가 2배 이상으로 높아진다. 그리고 그런 만족감으로 자연히 헬스장에 가는 횟수가 늘어나게 된다.

시간을 효과적으로 쓰고 싶은 사람, 한 번에 많은 것을 하고 싶은 사람은 '일석이조 작전'으로 무엇을 할 수 있을지 생각해보자.

의욕이 높아지는 곳을 찾자

19

장소만 바꿔도
의욕과 집중력은 올라간다.

"영어공부를 해야 되지만 집에서는 의욕이 안 난다."

이럴 때는 장소를 바꾸는 것을 추천한다.

집은 아무래도 편한 곳이라 긴장감이 사라지고 늘어지기 쉽다.

"집 근처 카페에 갔더니 집중력이 올라갔다", "도서관에 가자 조용한 분위기에 긴장감이 생겨 집중력이 올라갔다"는 등의 경험은 누구에게나 있을 것이다.

내가 개인컨설팅을 한 B씨는 가장 습관화하고 싶은 것 중 하나로 '블로그 쓰기'를 꼽았다. 그러나 집에서는 의욕이 나지 않았고, 습관화는 어영부영 미뤄지고 말았다.

그때 내가 '어디에 가면 의욕이 날 것 같은지' 묻자, 그녀는 '집 근처 카페'라고 말했다. 그래서 나는 그녀에게 우선은 습관적으로 카페에 가라고 조언했다.

우선은 '블로그를 쓰는 것'이 아니라 '스타벅스에 가는 것'을 습관으로 하는 것이다.

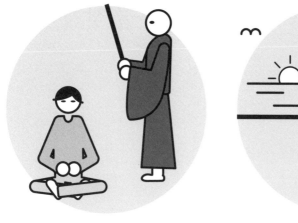

심신이 정화되는 절　　　　　풍경이 아름다운 카페

　　화장을 하고 옷을 갈아입고 스타벅스에 가면 많은 사람들이 있다는 긴장감과 기분 좋은 소음 때문에 집중력이 올라가고, 커피원두의 냄새가 상상력을 자극시켜주기 때문이다.

　　이렇게 해서 B씨가 블로그 쓰는 횟수는 매우 많아졌다.

　　나는 원고 마감일이 다가올 때나 장기목표를 세울 때는 시로카네다이에 있는 쉐라톤호텔 라운지에 간다. 아름다운 일본 정원이 한눈에 보이는 공간으로, 집중력이 매우 올라가기 때문이다. 나는 옛날부터 그곳을 매우 좋아했다.

　　마음을 정화하고 싶을 때는 같은 시로카네다이에 있는 국립과학박물관 부속 자연교육원의 대자연을 천천히 걷는다.

　　또한 몸을 정화하고 마음을 들여다보고 싶을 때는 야나카에 있는 절 젠쇼안에 가서 좌선을 한다. 좌당의 마루와 선향 냄새, 신선한 공기와 김장감이 나를 깊은 반성의 길로 이끌어준다.

이렇듯 장소에 따라 우리의 기분은 바뀐다.

나의 '의욕이 높아지는 장소'는 어디인지 생각해보자.

가끔은 자극과 변화를 주자

20

슬럼프에 빠졌다면
신선한 자극과 변화를 주자.

무언가 꾸준히 하지 못하는 사람은 변화와 자극을 활용하는 것이 좋다.

뭐든지 처음에는 신선함이 있지만 익숙해지면 다 매너리즘에 빠진다.

오른쪽 그래프를 보자(《생각이 돈이 되는 순간》인용).

'선호도'와 '친숙성'이라는 두 개의 축으로 '진부화의 시작점'이 표현되고 있다.

이것은 즉 '자극'과 '질림'의 커브를 나타낸 것이다.

처음에는 자극이 있어서 즐겁지만, 친숙성이 늘어나면 질리게 된다.

그렇기 때문에 반복적인 패턴에 질리지 않도록 적당한 변화와 자극을 줄 필요가 있다.

조깅을 예로 들어보자. 하나의 습관에 다음과 같이 다양한 변화를 주면 그것이 자극이 되어 또다시 '선호도'가 올라갈 것이다.

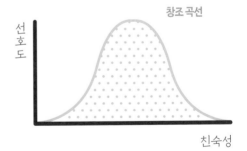

◆ "루트를 바꿔보자."

◆ "마라톤 대회를 신청해 의기를 다지자."

◆ "운동복을 새로 구입하자."

◆ "심박계를 사용하자."

◆ "수요일은 둘레길을 걷자."

영어공부라면 "할리우드 영화를 교재로 활용하자", "영어신문을 읽자", "한 달에 두 번 인터넷 영어 강의를 듣자", "테드 방송을 보자" 등이 있을 수 있다.

이렇게 변화와 자극을 주면 매너리즘에서 벗어날 수 있다.

다만 이미 굳어진 행동량에 큰 변화를 주면 리듬이 깨지기 쉽기 때문에 주의할 필요가 있다.

어디까지나 행동 메뉴를 바꾸거나 새로운 목표를 설정하는 등 의욕을 되살릴 수 있는 최소한의 변화를 주는 것이 포인트다.

나를 깨우면
미루는 버릇도 사라진다

"일하기 싫다. 나중에 해야지."

"상사에게 실수를 보고해야 하는데. 언제 하지……."

"치과에 가야 하는데, 귀찮아."

실수에 대한 보고, 자료 작성, 경비 정산, 이메일 회신 등 일상에서 미루고 싶은 일은 수없이 많을 것이다.

미루는 것도 하나의 '습관'이다.

미루는 심리는 다음 일곱 가지로 분류할 수 있다.

- ◆ 귀찮다.
- ◆ 실패가 두렵다.
- ◆ 아직 시간이 있다.
- ◆ 미움받고 싶지 않다.
- ◆ 힘들다.
- ◆ 자신이 없다.
- ◆ 후회하고 싶지 않다.

우리는 이 일곱 가지 감정 중에 무언가를 느끼기 때문에 행동을 뒤로 미루는 것이다.

하지만 미루기에 있어서 공통된 이유는 따로 있다. 그것은 바로 '스트레스'다. 그 일만 생각하면 스트레스가 너무 커져서 "나중에 하자" 하면서 미루는 것이다.

남은 1장에서는 '미루는 심리'를 극복하는 여섯 가지 방법을 소개하겠다.

15분 단위로 나눠서 행동하자

21

15분 단위로 쪼개면
틈새시간을 공략할 수 있다.

15분이란 행동에 마법을 일으키는 시간 단위다.

바쁜 일상에서 30분이나 1시간은 좀처럼 내기 힘든 시간이다. 반대로 5분은 너무 짧은 시간이라 아무것도 하지 못한 채 끝나버리기 쉽다.

그러나 "15분만 하자!"고 생각하면 우선은 시작이 쉬워진다. 또한 끝맺음도 어느 정도는 할 수 있다.

내가 습관화에 있어서 가장 먼저 성공한 것은 '15분 청소'다.

이때 포인트는 완벽한 청소를 바라지 않는 것이다. 왜냐하면 평일에는 완벽하게 청소할 시간이 없기 때문이다. 토요일에 해도 완벽하게 끝나지 않을 청소를 평일에 하길 바란다면 결국 "청소할 시간이 없다"는 상태에 빠져버리게 된다.

하지만 15분이라면 그다지 힘들이지 않고도 청소 의욕을 끌어낼 수 있다. 그리고 일단 15분 청소하고 나면 조금 더 청소가 하고 싶어지지만, 이 기분을 남겨두면 이튿날에도 청소가 하고 싶어지는 선순환으로 이어진다.

15분
스트레칭

15분
방청소

15분
잡무

또한 15분 청소하는 것만으로도 나름대로 깨끗해지고, 해냈다는 성취감도 느낄 수 있다.

나는 일을 할 때도 귀찮고 잡다한 일은 15분 단위로 나눠서 처리한다. 그러면 한 가지씩 완전히 집중해서 처리할 수 있다.

타이머를 설정하면 긴장감이 생기기 때문에 그만큼 의욕이 나기도 쉽다.

이것은 장거리를 힘차게 달리는 것이 아니라 강약을 조절하며 단거리를 집중해 달리는 것과 같다.

한 가지 일을 처리하는 데 15분이면 되기 때문에 1시간이면 네 가지 일을 할 수 있다.

이렇게 15분 단위로 쪼개서 행동하는 습관을 들여보자.

그다지 의욕이 나지 않는 일도 어떻게든 시작할 수 있게 만들어주는 것이 이 '15분 기술'이다.

〈17. 나를 깨우는 루틴을 만들자〉에서 소개한 대로 나는 15분씩 네 가지 일을 하면서 아침에 몸과 뇌를 깨운다. 그것은 15분이 '무언가를 시작하고 끝내기 가장 좋은 시간'이기 때문이다.

꾸준히 할 수 없는 것, 미루고 있는 것이 있다면 15분 단위로 나눠서 시작해보자.

리스트를 만든 후 하나씩 지워가자

22

해야 할 일을 기분 좋게 끝내면
성취감과 만족감에 의욕은 더 높이 올라간다.

해야 할 일이 너무 많으면, 마음만 급해질 뿐 실제로는 아무것도 하지 못한 채 뒤로 미뤄버리는 경우가 있다.

이럴 때는 반드시 정리가 필요하다. 정리하지 않고 어수선하게 머릿속으로만 생각하면 집중력이 떨어져 일이 비효율적으로 되기 쉽다.

해야 할 일이 많을 때는 우선 노트나 포스트잇에 '오늘 할 일'부터 적어보자.

리스트로 만들어 가시화하면 '그것을 어떻게 해야 할지' 자연히 구체적으로 생각할 수 있게 된다.

나는 자녀교육 전문가에게 '아이가 꾸준히 공부할 수 있는 방법'에 대해 물은 적이 있다. 그러자 그는 이렇게 말했다.

"해야 할 공부를 세분화해 리스트를 만들고, 다 끝나면 빨간 펜으로 그 리스트를 지워라. 그것만으로도 아이의 공부 의욕은 올라갈 것이다."

공부를 '산수 문제집 3페이지', '국어 문제집 3페이지'라는 식으로

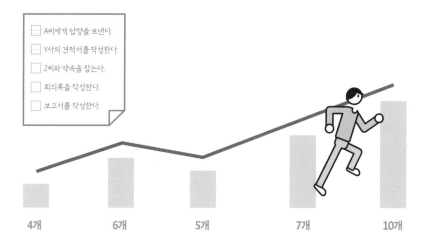

세세하게 나눠 리스트를 만들고, 문제집을 다 풀면 해당 리스트를 삭제하는 것이다.

이렇듯 리스트를 지우면 성취감과 만족감이 생겨서 "좋아! 다음으로 넘어가자!" 하는 의욕이 생기게 된다.

성취감과 만족감은 의욕을 높이고 나를 깨우는 방법 중 하나다.

그렇기 때문에 숙제를 싫어하는 아이도 성취감과 만족감을 한번 맛보면 그다음부터는 무리 없이 숙제를 할 수 있게 된다.

이 원리를 잘 이용하면 우리도 미루는 버릇을 버릴 수 있다.

아이뿐만 아니라 성인인 우리도 'To Do 리스트'를 만들어 하나가 끝날 때마다 해당 리스트를 삭제하면 자연히 성취감이 생겨나 더 많은 일을 해낼 수 있다.

'리스트를 만들고 지우는 것', 이것은 작은 성취감으로 나를 깨우는 효과적인 방법이다.

이 방법을 꼭 한번 해보길 바란다.

일을 세분화하자

23

복잡한 일도 세분화하면
작업이 쉬워진다.

"보고서 작성은 귀찮아."

"연하장을 써야 하는데 손이 가지 않네."

해야 할 일을 미루는 최대 이유는 막대한 스트레스 때문이다.

코칭 세계에는 이런 이야기가 있다.

"고기가 너무 먹고 싶어도 소 한 마리가 눈앞에 있으면 먹기 싫어진다. 그러나 고기가 그다지 먹고 싶지 않아도 눈앞에 작은 스테이크 조각이 있으면 먹게 된다."

귀찮다, 하기 싫다, 두렵다, 힘들다는 감정은 해야 할 일 전체를 볼 때 생기는 감정이다. 그러나 전체를 세분화하면 그 하나하나의 일은 결코 크지 않다는 것을 알 수 있다.

잡다하고 시간이 많이 걸리는 일일수록 미루기 쉽다. 그럴 때는 해야 할 일을 작게 조각내 보자.

이를테면 '신규 프로젝트 회의를 개최'한다고 가정해보자.

그때 해야 할 일을 조각내 보면 다음 그림과 같다.

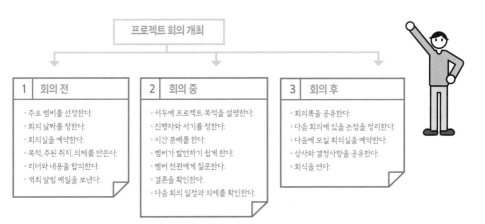

프로젝트 회의 개최		
1 회의 전	**2 회의 중**	**3 회의 후**
• 주요 멤버를 선정한다. • 회의 날짜를 정한다. • 회의실을 예약한다. • 목적, 주된 취지, 의제를 만든다. • 리더와 내용을 합의한다. • 개최 알림 메일을 보낸다.	• 서두에 프로젝트 목적을 설명한다. • 진행자와 서기를 정한다. • 시간 분배를 한다. • 멤버가 발언하기 쉽게 한다. • 멤버 전원에게 질문한다. • 결론을 확인한다. • 다음 회의 일정과 의제를 확인한다.	• 회의록을 공유한다. • 다음 회의에 있을 논점을 정리한다. • 다음에 모일 회의실을 예약한다. • 상사와 결정사항을 공유한다. • 회식을 연다.

이 정도로 작게 세분화하면 '왜 마음이 무거웠는지' 그 이유가 명확해진다.

"우선 '주요 멤버 선정' 정도라면 쉽게 할 수 있겠어."

이런 식으로 하나씩 일을 끝내면 의외로 거침없이 일이 진행될 것이다.

일이 너무 많거나 과정이 불투명하고 잡다한 경우에는 이런 식으로 구체적으로 해야 할 일을 써내려가 보자.

핀포인트 행동으로 하자

24

'결국 무엇을 하고 싶은지' 목표를
정확히 겨냥하면 행동하기 쉬워진다.

"술을 끊자."

"PDCA를 잘 따르자."

"연락, 보고, 상담을 성실하게 하자."

이런 행동계획은 처음에는 의욕을 내기 쉽지만, 현실적으로는 실행하기 꽤 어렵다. 가장 큰 이유는 '핀포인트(표적) 행동'이 명확하지 않기 때문이다.

핀포인트 행동은 앞에서 말한, 일을 세세하게 나눠서 명확하게 하자는 접근방법과는 다르다. '술을 끊자', 'PDCA를 잘 따르자'와 같은 애매한 행동에 대해 '결국 무엇을 하고 싶은지' 그 목표에 초점을 맞추는 것이다.

이를테면 "술을 끊겠다" 결심하고 하루아침에 금주하는 것은 NG다.

'~을 하지 말자'는 계획은 지키기 어렵다.

아무리 술을 끊겠다고 결심해도 술 생각이 나는 날에는 평소처럼 술을 마셔버리게 된다.

❌ 술을 마시지 말자.

⬇

⭕ 무알콜 맥주를 마시자.

❌ PDCA를 잘 따르자.

⬇

⭕ 해야 할 일을 종이에
적은 후 우선순위를 정하자.

    정말 무언가 성공하고 싶다면 '~을 하지 말자'에서 '~을 하자'로 계
획을 바꿔야 한다.

    그것은 "술을 끊자"가 아니라 "무알콜 맥주를 마시자"가 될 수 있
고, 술을 마셔야 잠이 잘 오는 사람은 "술 대신 운동을 하자"가 될 수
도 있다.

    또 하나 예를 들어보자.

    회사에서 조금 더 성과를 내기 위해 "PDCA를 잘 따르자"라고 결
심했다고 하자.

그러나 이 애매한 행동계획으로 시작하면 "생각은 했지만 깜박했다", "바빠서 그럴 여유가 없었다"며 포기해버리기 쉽다.

이때 행동과 핀포인트를 엮어보자.

우선 'PDCA'라는 행동은 너무 광범위하기 때문에 'Plan(계획)', 'Do(실행)', 'Check(검증)', 'Act(조치)' 중 무엇을 우선할 것인지 선택한다. 만약 첫 번째로 'Plan'을 선택했다면, 다음과 같이 'Plan'의 구체적인 행동을 결정해야 실천할 수 있다.

"출근 후 컴퓨터를 켜기 전에 포스트잇에 '오늘의 할 일'을 적고, 그 우선순위를 파악한 후에 일을 시작한다."

이렇게 목표를 정확히 겨냥하면 명확성이 높아져 행동을 실천하기 쉬워진다.

불필요한 생각은 하지 말고
담담하게 하자

25

귀찮은 일도 담담하게 해내면
스트레스가 줄어든다.

내가 이전에 정보시스템 회사를 다닐 때 매일같이 큰 트러블을 해결하는 한 엔지니어가 있었다.

그 엔지니어는 매일 고객에게 폭언을 듣고, 밤늦게까지 프로그램을 수정했다. 그 정도로 복잡한 트러블이 많았다.

그런 힘든 업무 속에서도 지치지 않고 매일 열심히 일하는 비결이 궁금해진 나는 그에게 '어떻게 하면 그렇게 매일 힘낼 수 있는지, 일에 남다른 의미가 있는지' 물어봤다. 그러자 그 엔지니어는 이렇게 말했다.

"그저 해야만 하는 일이니까 하는 거예요. 그것에 의미는 없어요. 담담하게 하는 것뿐이지요."

'해야만 하는 일을 담담하게 하는 것뿐이다. 고통스럽게 억지로 거스르는 것이 아니라, 받아들일 건 받아들이고 담담하게 한다.'

이것이 업무의 스트레스를 줄이는 방법이라고 그는 가르쳐줬다.

참고로 이 사람은 단순한 작업자가 아니라 우수한 엔지니어라는

사실을 덧붙이고 싶다.

일이 힘들거나 귀찮으면 우리는 부정적인 감정에 압도되지만, 그럴 때일수록 긍정적으로 의욕을 내려 한다. 하지만 긍정적으로 생각하면 생각할수록 부정적인 마음이 커지고, 에너지는 점점 고갈된다.

이럴 때 저항하지 말고 해야 할 일을 담담하게 해보자.

이 생각은 많은 일에 도움을 줄 것이다.

우리에게도 설거지, 빨래, 청소 등 귀찮은 일을 해야 될 때가 있다. 그럴 때는 저항하지 말고 해야 할 일을 담담하게 하는 것이 좋다. 그래야 에너지가 낭비되지 않기 때문이다.

그렇게 마음먹어야 마음이 흐트러지지 않고 담담하게 해낼 수 있다.

싫어하는 마음을 없애면 앞으로 나아갈 수 있다.

눈앞에 귀찮은 일이 있을 때는 이 방법을 꼭 실천해보길 바란다.

'지금 당장' 하자

26

가장 효과적인 방법은
'지금 하는 것'이다.

회의 의사록 작성 업무가 있다고 하자. 의사록 작성만큼 미루면 미룰수록 귀찮아지는 일도 없다.

가령 회의 3일 후에 의사록을 작성하려고 하면, 회의 내용을 생각하는 데 더 많은 시간이 걸리고 그만큼 더 힘들다.

그러면 언제 작성하는 것이 효과적일까?

여기서 C씨의 경험담을 예로 들어보자.

C씨는 부서의 의사록 담당자다. 이 사람은 매주 작성하는 의사록 스트레스를 최소화하기 위해 '지금 당장 하자는 주의'를 갖고 있다.

부장과 팀원에게 허락을 받아, 회의 중에 노트북을 열고 집중력을 발휘해 70% 이상 그 자리에서 의사록을 작성한다. 그리고 나머지 30%는 회의실에 남아 30분 이내에 모두 작성한 후 회의 참가원에게 나눠준다.

그는 "뒤로 미루면 나중에 회의 내용을 생각하는 데 쓸데없이 에너지를 소모해야 하기 때문에 그곳에서 해버리는 게 가장 편하다"고 말

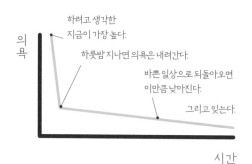

의욕 커브

의욕

하려고 생각한
지금이 가장 높다.

하룻밤 지나면 의욕은 내려간다.

바쁜 일상으로 되돌아오면
이만큼 낮아진다.

그리고 잊는다.

시간

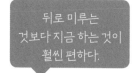

뒤로 미루는
것보다 지금 하는 것이
훨씬 편하다.

했다. 왜냐하면 의사록 작성에 가장 집중할 수 있는 시간은 '회의 중'과 '회의 직후'이기 때문이다.

가장 행동하기 쉬울 때는 그 일을 생각하고 있을 때다. 머릿속으로 그 일을 생각하는 순간이 판단과 행동의 절호의 타이밍이다.

만약 5분 안에 끝낼 수 있는 일이라면 뒤로 미루지 말고 지금 해보자. 다른 곳으로 향한 사고 안테나를 되돌리기란 쉽지 않다.

단시간에 끝낼 수 있는 일이라면 '지금 하자는 주의'로 해결해보자.

또한 결심했다면, 하고 싶은 일도 마찬가지로 '지금 하자'를 실천해보자.

사고
습관

마이너스

사고에서

벗어나다

나를 깨우는 사고방식

사람은 습관적 사고방식으로 함정에 빠진다.
익숙한 상황일수록 다른 생각을 갖기 어렵다.

―크리스티나 홀 박사

'자신감이 없다', '실패가 두려워 행동하지 못한다', '비판받으면 자기혐오에 빠진다' 등 부정적으로 생각하면 정신이 피폐해질 수밖에 없다.

들어가기에서 소개한 '행복의 공식'대로, 행복도의 40%는 규정치, 즉 사고방식에 의해 좌우된다.

사실과 해석은 다르다. 우리는 내가 해석한 세계에 살고 있다고 해도 과언이 아니다. 사실은 달라지지 않지만 해석은 달라질 수 있다. 해석은 자유이기 때문이다.

다음 그림을 보자.

우리는 같은 사실을 보고도 생각에 따라 반응이 달라진다.

컵에 물이 절반 들어 있다는 사실에 대해 "물이 반밖에 없다"고 생각하는지, "반이나 있다"고 해석하는지에 따라 기분은 나빠지고 좋아

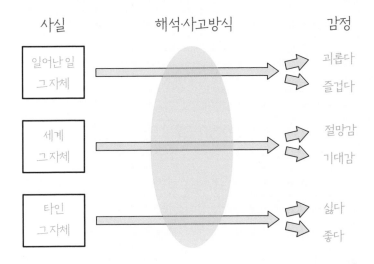

사실   해석·사고방식   감정

일어난 일 그 자체 → 괴롭다 / 즐겁다

세계 그 자체 → 절망감 / 기대감

타인 그 자체 → 싫다 / 좋다

진다.

　또한 감옥에 갇힌 죄수도 쇠창살 안에서 어디를 보는지에 따라 마음이 달라질 수 있다. 이를테면 아래를 내려다보면 진흙이 보일 테고 위를 올려다보면 아름다운 별을 볼 수 있다.

　이렇듯 같은 바깥세상을 보려고 해도 어디를 보는지에 따라 마음은 달라진다.

　좀 더 구체적인 예로, 영업팀 아침회의에서 내 동기가 큰 신규 수주로 상사에게 칭찬을 들었다고 해보자.

　이것을 보고 "아! 나는 틀렸어"라고 생각하는 사람도 있고, "그래, 나도 한번 열심히 해보자!"라고 생각하는 사람도 있다. 또한 "아니야!

저 자식은 운이 좋았던 것뿐이야"라고 생각하는 사람도 있다.

같은 사실을 두고도 생각하는 방식은 다양하고, 어떻게 해석하는지에 따라 행동도 달라진다.

자신을 깨울 줄 아는 사람은 그다지 좋지 않은 상황 속에서도 사고방식을 달리해 긍정적인 감정을 이끌어낸다.

생각하는 방식은 사고습관이다.

생각이 바뀌면 같은 상황이라도 인생이 달라진다.

그럼 여기서, 내가 주최하는 습관화 학교에서 1년에 걸쳐 자신을 바꾼 여성의 이야기를 소개하겠다.

이 여성은 회사에서 좌천당해 마음에 깊은 상처를 받았다. 그 상처에서 벗어나고 싶어 습관화 학교에 참가하게 됐다고 그녀는 말했다. 그녀는 1년 후 어떻게 되었을까?

처음에는 이직과 창업을 생각했지만, 1년 후에는 "지금 이 회사에 진짜 내 실력을 보여주겠다"며 결의를 다지게 됐다.

자신이 어찌할 수 없는 인사 문제를 탓하는 것이 아니라, 자신이 해결할 수 있는 목표와 문제에 집중하겠다는 사고습관을 1년에 걸쳐 키운 것이다. 그리고 이 좌천에서도 배울 점이 있을 거라고 생각했다.

또한 그녀는 매일 감사일기를 썼다. 그러자 서서히 회사와 주변인에게 감사하는 마음이 생겼고, 불만보다는 고마움이 커졌다.

상황은 여전히 그대로인데 행복도와 긍정도는 매우 높아졌다.

부정적인 사고에서 벗어나기 위해서는 나를 깨워주는 사고습관을 키워야 한다.

이 장에서는 좋은 사고습관 18가지를 소개한다. 그중에서 나와 맞는 사고습관을 찾아보자.

또한 나는 사고를 습관화하기 위해 일기쓰기를 추천한다.

일어난 일과 그것에 대한 해석, 그리고 또 어떤 새로운 해석이 있는지 글로 쓰는 것만으로도 사고는 무의식중에 습관화될 수 있다.

남이 아닌 어제의 나를 이기자

27

다른 사람과 비교해 괴로울 때는
'과거의 나'와 비교해 앞으로 나아가자.

해외에 살면서 매니저 일을 하고 있는 D씨는 영어에 콤플렉스를 갖고 있었다. 그는 콤플렉스를 극복하기 위해 매일 2시간씩 영어공부를 했지만, 반년이 지나면서 공부를 그만뒀다.

D씨는 공부를 시작하고 그만두기를 몇 번이나 반복했다.

영어로 상품설명을 할 때면 고객에게 몇 번이나 같은 질문을 받아도 그 내용을 전혀 이해하지 못할 때가 많았다. 그럴 때면 "이렇게 공부하는데도 실력이 나아지지 않는 걸 보면 나에게는 언어감각이 없는 게 분명해", "동료들은 상품설명도 잘하는데, 나는 뭐지?"라며 깊은 혐오감에 빠지기도 했다.

그는 그때마다 좌절했다.

나는 D씨에게 혹시 다른 사람과 비교하고 있지는 않은지 물었다. 그랬더니 그는 '같은 사무실에 근무하는 남성'을 말했다. 그가 유창한 영어 실력으로 상품설명을 하는 모습을 볼 때마다 자신감도 사라지고 의욕도 떨어진다고 했다.

과거의 나

지금의 나

하지만 물어보니 그 남성은 근무한 지 20년이 다 된 베테랑 직원이
었다. D씨는 해외에 온 지 아직 3년밖에 안 됐기 때문에 경험치에서
압도적인 차이가 있었다.

20년과 3년에 차이가 있는 것은 당연하다. 하지만 D씨는 무의식 속
에서 그와 같은 레벨로 비교해버린 것이다.

D씨는 항상 실력자와 비교하면서 "나는 성장할 수 없다"는 자기혐
오에 빠지는 경향이 있었다. 그럴 때는 우선 '비교 대상을 바꾸는 것'
이 중요하다. 다른 사람이 아닌 '과거의 나'와 비교하는 것이다.

나는 D씨에게 해외에 온 지 1년 때와 비교해 영어 실력이 얼마나
늘었는지 수치화해 보라고 했다. 그러자 그는 영어 실력이 확실하게

좋아진 것을 깨달았다.

그리고 "이대로 영어공부를 계속하면 5년 후에는 영어 실력이 얼마나 될까? 10년 후에는? 그 남성과 같은 20년 후에는 어떻게 될까?" 묻자 "문제없이 영어로 말할 수 있을 것 같다"고 대답했다.

중요한 것은 과거의 나보다 1센티라도 성장하는 것이다. 그렇게 성장하다 보면 역사상 최고의 나를 매일 경신할 수 있다. 이 '역사상 최고의 나'는 동기부여가 되고, 꾸준히 하는 의욕이 된다.

D씨는 지금 이상적인 영어 실력을 목표로, 작은 한 발을 떼어가며 꾸준히 노력하고 있다.

또한 영어 실력에 한하지 않고 모든 것에 있어서 다른 사람과 비교하며 우울해지는 일은 줄어들었고, 그 결과 약 2년 만에 특급 승진해 주재소 소장이 됐다.

다른 사람과 비교해야 의욕이 올라간다면 상관없지만, 그것이 무력감을 안겨준다면 비교 대상을 다른 사람에서 나로 바꿔야 한다.

그 기준 또한 낮으면 좋지 않다. '역사상 최고의 나'를 경신하기 위해 노력해야 한다. 그러면 반드시 성장할 것이다.

'있는 것'에 집중하자

28

'돈도 인맥도 기술도 없다!'
아니, 지금 '있는' 것에서 시작하면 된다.

"역시 창업을 하려면 돈이 필요해. 지금은 자금이 없어서 안 돼."

"돈이 없다고? 있는 돈으로 시작하면 되잖아."

이것은 창업을 희망하는 사람에게 젊었을 적 손정의가 한 말이다.

우리는 무언가를 시작할 때 '없는' 것에 집중하고, 그것을 핑계 삼아 앞으로 나아가지 않는다.

"돈이 없다."

"기술과 지식이 부족하다."

"경험이 없다."

"인맥이 없다."

이것들은 모두 '할 수 없는 이유'가 된다.

그러나 생각을 "지금 있는 것에서 시작하자"로 바꾸면 그때부터 세상은 180도 달라진다.

"충분한 자금이 없다"가 아니라 "1천만 원이 있다"로, 내가 가지고 있는 것에 집중하는 것이다.

지인에게 또 다른
지인을 소개받으면 된다.

아이디어만 잘 내도
소액으로 성공할 수 있다.

지금의 기술과 경험으로도
할 수 있는 일은 충분히 있다.

이렇게 생각을 바꿨다면, 다음으로는 '1천만 원으로 무엇을 할지' 질문을 던지는 것부터 시작하면 된다.

사업내용에 따라 달라지겠지만, 지혜를 짜내면 할 수 있는 일은 얼마든지 있다.

《돈과 인생의 비밀》이라는 책으로 유명해진 작가 혼다 켄은 아주 약간의 자금을 들여 무료책자를 만든 후 그것을 사람들에게 나눠줬다. 이것이 입소문으로 퍼져 많은 팬을 낳고, 단숨에 유명 작가가 됐다.

인맥도 마찬가지다. 그다지 인맥이 없는 사람도 지금까지 알고 지낸 사람들의 이름을 써보면 20명 정도는 될 것이다. 그 20명에게 각각 지인이 20명 정도 더 있다면 "지인이 400명 있다"고 말할 수 있다.

기술과 지식도 제로일 수는 없다. 사람들은 불안감을 없애기 위해 기술과 지식을 먼저 쌓으려고 하지만, 기술과 지식은 어디까지나 완벽해질 수 없다.

나도 처음 강의를 시작했을 때는 "고객의 돈을 받으려면 더 많은 지식과 기술이 있어야 한다" 생각하며 열심히 세미나에 다녔다.

그러나 공부를 하면 할수록 부족한 나를 깨닫게 됐고, 더욱더 '없는' 것이 늘어나 내 발목을 붙잡았다. 하지만 실제로 강의를 해보니, 현장에서는 호기심을 갖고 상대방의 이야기를 들어주는 것만으로도 충분하다는 사실을 몸소 실감하게 됐다.

우선은 지금 있는 돈, 지금 있는 인맥, 지금 있는 기술, 지금 있는 지식, 지금 있는 경험을 다시 한번 돌아보자.

그것을 활용하는 것부터 시작해, 조금씩 늘려가면 좋을 것이다.

결과는 행동량과 확률로 생각하자

29

무능한 포수도 열 발 중 한 발은 새를 맞힌다.
부족한 것은 '능력'이 아니라 '행동'이다.

어느 경제 저널리스트는 "성공한 사람의 공통점은 이길 때까지 계속 도전한다는 것이다. 성공은 결국 확률론이다"라고 말했다.

나도 이 말에 크게 공감한다.

정보시스템 회사에 근무하던 당시 나는 무능한 영업사원이었다. 직장인 2년 차였을 때는 제국데이터뱅크에서 유출한 회사 리스트를 가지고 9시 30분부터 11시 30분까지 매일 50건의 전화를 돌렸다. 당연히 문전박대당하는 일이 다반사였고, 개중에는 "우리는 이미 거래처가 있어서 필요 없습니다"라고 말 붙일 새도 없이 전화를 끊는 회사도 있었다.

그러나 버리는 신이 있으면 줍는 신도 있는 법이다. 50건의 전화 중에 "어디 이야기라도 들어볼까"라는 반응을 보여준 회사도 있었다. 이것은 1년 동안 매일같이 전화영업을 하면서 깨달은 사실이지만, 30건 중 한 건 정도의 확률로, 즉 약 3%의 사람은 내 이야기를 들어줬다.

그래서 언젠가부터는 "스물아홉 건 거절당했으니까 나머지 한 건

확률이 10%밖에 안 되는 타자도 열 번
타석에 서면 홈런을 칠 수 있다.

신입 영업사원도 30건 전화하면
한 건은 계약을 따낼 수 있다.

은 전화를 받아줄지도 모른다"는 생각에 마음이 편안해졌다.

이렇게 마음이 편안해지고 나서는 신입 영업사원이지만 큰 신규계약을 몇 건이나 수주해 사내 표창장을 받았다.

그 후 나에게는 "많은 행동은 길을 열어준다"는 신념이 생겼고, 이성공법칙을 믿고 의지했다.

13년 전 29세의 나이로 창업해 맨주먹으로 강의 영업을 했을 때도이 신념은 많은 도움이 됐다. 블로그를 통해 직장인 1천 명에게 무료강의를 해줬고, 백 사람을 만나 그중 스무 명은 유료 고객이 돼주었다.

저서를 출간할 때도 인맥이 없던 나는 "출판사 백 곳에 원고를 보내자"는 생각으로 우선 서른세 곳에 기획서를 보냈다. 그중 열한 곳에서 답장이 왔고, 2010년에는 드디어 내 첫 책이 세상에 나왔다.

'많은 행동'은 보편적인 행동법칙이라고 말할 수 있다. 기술이 없으니까, 인맥이 없으니까 결과가 나오지 않는 거라고 생각하기 쉽지만, 대부분 결과가 나오지 않는 이유는 행동량이 부족하기 때문이다.

또한 많이 행동하면 기적을 만날 수도 있다.

나도 일적인 관계로 만난 백 명의 기업가 중에 몇 명은 인연이 되어 사적인 관계로까지 만남이 발전했다.

좋은 방법을 추구하는 것은 확실히 중요하지만, 가만히 앉아서 좋은 방법만 추구하는 것은 최악이다. 1%의 확률이라면 백 번을 움직여야 성취할 수 있다.

그 백 번을 어떻게 해낼지 집중하면 길은 열릴 것이다.

'할 수 있는 것'을 보자

30

내가 제어할 수 없는 일은
스트레스의 주된 원인이 된다.

스트레스는 내 힘으로 할 수 없는 것을 생각할 때 생겨난다.

나는 대학 졸업 후 한 회사의 오사카 지사 법인영업부에 출근할 예정이었다. 그런데 입사 3개월 전에 갑자기 다른 자회사로 출근하라는 연락을 받았다. 그곳은 아키하바라에서 컴퓨터 매장을 운영하는 회사였다.

오사카 출신인 나는 도쿄로 출근하는 것도, 개인소비자에게 판매영업을 하는 것도 희망하지 않았다. 면접 때 했던 약속과 전혀 다른 통지에 나는 분노를 느꼈다. 게다가 언제까지 아키하바라로 출근해야 되는지 전혀 알 수 없었다. 나는 앞날이 깜깜했다.

그런 절망감 속에서 길을 걷고 있는데 한 서점이 눈에 들어왔다. 그곳에 들어가 발견한 책에 다음과 같은 글이 쓰여 있었다.

"내 힘으로 할 수 있는 것과 할 수 없는 것을 명확하게 나누자. 그런 다음 내 힘으로 할 수 있는 것에 집중하자."

나는 머리를 한 대 얻어맞은 듯한 강한 충격을 느꼈다.

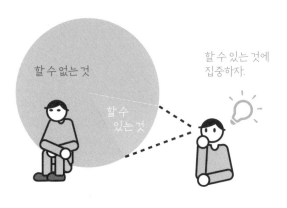

할 수 없는 것

할 수 있는 것에
집중하자.

할 수
있는 것

내가 할 수 있는 것에서
돌파구를 찾자!

"언제 돌아갈 수 있을까?"

"왜 내가 그쪽으로 발령이 난 걸까?"

나는 내 힘으로 어쩔 수 없는, 회사의 결정사항만 머리에 두고 탓했던 것이다.

그래서 나는 내가 할 수 있는 것은 무엇인지 생각하기로 했다. 과거와 타인은 바꿀 수 없지만, 미래와 나는 바꿀 수 있기 때문이다.

'회사를 그만둘지, 계속 다닐지'는 내가 스스로 결정할 수 있는 사항이다. "적어도 1년은 다녀보고, 그래도 싫으면 이직하자"는 선택지도 있다.

"내가 할 수 있는 일은 지식과 능력을 쌓는 것이다."

그렇게 생각하자 지금 있는 컴퓨터 매장에서 정보시스템 관련 지식을 쌓고, 영업판매 화술을 익히자는 목표가 생겼다. 컴퓨터 매장으로 발령 난 것은 법인영업의 기술과 지식을 쌓으라는 계시일지도 모른다는 생각까지 들었다.

그러자 판매와 고객대응이 재밌어졌고, 쉬는 시간도 없이 가게 앞에 서서 고객을 맞이하게 됐다. 그렇게 싫던 아키하바라 발령에 대한 불만은 거짓말처럼 사라졌다.

결과적으로 1년 뒤에는 오사카 지사로 출근하게 됐고, "벌써 돌아가나?" 하는 서운함이 들 정도로 그곳에서 열심히 일했다.

생각을 바꿔 내가 할 수 있는 것에 집중하고, 목적을 갖고 자발적으로 일에 몰두하면 의욕이 높아져서 일이 압도적으로 재밌어진다.

내가 해결할 수 없는 것은 놓아두고, 내가 할 수 있는 것에 집중하자. 그러면 내 안에 축이 생겨서 에너지가 들어올 것이다.

여러 선택지를 생각하자

31

선택지가 많으면 그만큼 가능성도 높아진다.
하나의 답에 얽매이지 말자.

사람은 누구나 벽에 부딪힐 때가 있다. 그러나 벽에 부딪혔다고 모든 사람이 절망감에 빠지는 것은 아니다.

절망감에 빠지는 이유는 답을 하나만 생각하기 때문이다. 따라서 선택지를 넓히면 그 절망감에서 벗어날 수 있다.

창업 5년째인 2011년에 동일본대지진이 일어나면서 우리 회사는 심각한 경영난에 빠졌었다.

그 무렵 우리 회사의 매출은 기업연수와 강연이 70% 이상을 차지하고 있었다. 향후 10개월 정도 강연 스케줄이 잡혀 있었지만, 지진과 원전사고로 인해 앞으로의 경영상황이 불투명하다는 이유로 강연 스케줄은 줄줄이 취소됐다.

매출을 책임지던 일이 날아가자, 나는 당시 지진과 방사능 문제에 겁을 내면서도 그 이상으로 회사의 앞날이 두려웠다. 마치 막다른 골목에 서 있는 느낌이었다.

나는 이 절망감에서 벗어나기 위해 "이대로 계속 사업이 무너진다

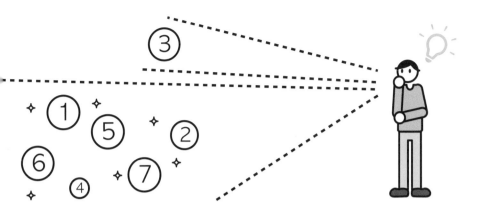

면……"이라는 막연한 불안감을 글로 써서 구체화하기 시작했다.

사업이 100% 취소될 일은 없고, 내부에 보유하고 있던 자금도 있었다. 그래서 구체적으로 얼마 동안 얼마큼 매출이 줄면 적자가 될지, 자금은 어디서 끌어당겨야 할지 시뮬레이션했다.

엑셀을 열어 현재 있는 일과 매달 내고 있는 비용을 적고, 3개월 후부터 연말까지 있을 모든 일을 비관적, 낙관적, 현실적으로 그려냈다.

그러자 불안감에 눈덩이처럼 커졌던 마이너스 사고가 문제해결 사고로 바뀌었다. '언제, 얼마큼의 적자가 생길지'를 알자 문제해결 방법이 떠올랐고, 비로소 매출을 올리는 방법과 비용을 줄이는 방법 30가지를 생각해낼 수 있었다. 이렇게 많은 방법들이 떠오르자 사업을 다시 일으킬 가능성도 자연히 넓어졌다.

사람은 불안할수록 다른 선택지를 보지 못한다. 이를테면 "회사가 부도 날지도 모른다", "명예퇴직을 당할지도 모른다"는 불안감에 휩싸이면 '지금 이 회사에서 계속 일해야 한다'는 선택지만 보게 된다.

하지만 회사가 부도 나도, 명예퇴직을 당해도 이직이나 창업 등 많은 선택지를 생각하면 힘든 상황은 나아질 수 있다.

　절망감 또한 사고가 만들어내는 것이다. 선택지를 다수 만드는 것만으로도 가능성은 넓어지고 해결방법이 보이게 된다.

'1% 개선행동'으로 최적화하자

32

열 가지 행동 아이디어를 적은 후
가장 하고 싶은 세 가지 행동을 실천하자.

사람은 생각을 너무 많이 하면, 정작 행동할 수 없게 된다.

그럴 때 나는 움직이면서 생각하는 '행동 포커스 방법'을 주장한다. 이것은 문제가 아니라 행동에 집중하는 방법이다.

우리는 무언가 문제가 생기면 '원인분석 후 최선의 대응책을 이끌어내는 것'이 가장 현명한 방법이라고 생각한다. 그러나 사실 바쁜 일상 속에서는 그렇게 천천히 생각할 시간이 주어지지 않는다. 또한 젊은 직장인이라면 아직 경험이 부족하기 때문에 문제의 전체 모습과 근본 원인조차 파악하지 못할 때가 있다.

하지만 눈앞에 일어난 문제는 미뤄두지 말고 재빨리 처리하는 편이 좋다. 마법 같은 해결책이나 정답을 찾을 수 없다면 '1% 개선행동'을 생각해 실천하는 것이 효과적이다.

구체적인 예로, 야근이 많은 영업직 E씨의 경우를 보자.

E씨는 상사에게 '시간 활용을 잘하라'는 지적을 자주 듣는다. 항상 시간 여유가 없기 때문에 그 지적에 대해선 자신도 수긍하고 있다.

1. 시간 활용의 어려운 점을 10개 쓴다.
2. 인터넷으로 시간 활용법을 찾는다.
3. 시간 활용법을 알려주는 좋은 책을 한 권 사서 읽는다.
4. 시간 활용을 잘하는 선배에게 PDCA 실천 예를 묻는다.
5. 과장님에게 나의 시간 활용에 대한 솔직한 피드백을 듣는다.
6. 지금까지 배운 시간 활용 기술을 3개 실천한다.
7. 퇴근길에 서점에 들러 스케줄을 짤 수 있는 수첩을 산다.
8. 지난주의 '좋았던 점', '반성할 점', '개선책'을 되돌아본다.
9. 퇴근 10분 전에 '내일 할 일'을 계획한 후 퇴근한다.
10. 아침 30분은 핸드폰을 보지 않고, 자료작성에 집중한다.

곧장 해보자!

그러나 아무리 생각해도 그 원인을 찾을 수 없고, 거친 파도처럼 재빨리 지나가는 일상 속에서는 그 어떤 행동도 개선할 수 없었다.

나는 E씨에게 '문제'가 아니라 '행동'에 집중하라고 말했다. 그리고 '일주일 안에 할 수 있는 1% 개선행동'을 10개 생각해보라고 했다. 그것이 위에 제시한 리스트다.

E씨는 이 정도 행동이라면 어렵지 않게 할 수 있을 거라고 말했다.

그런 다음 나는 이 10개 중에서 특히 효과적일 것 같은 행동 3개를 골라 일주일 동안 실천해보라고 했다.

우선 첫 번째 행동은 〈4. 시간 활용을 잘하는 선배에게 PDCA 실천 예를 묻는다〉였다. E씨는 선배에게 방문 일정 짜는 방법을 물어봤고, 곧바로 실천했다. 그러자 방문지로 가는 이동 시간이 단축됐다. 또한 이동 중에 보고서의 큰 틀을 짜는 방법도 배웠다. 그 결과 항상 밤늦게까지 했던 보고서 작성 시간이 단축됐다.

두 번째 행동은 〈7. 퇴근길에 서점에 들러 스케줄을 짤 수 있는 수첩을 산다〉였다. '나만의 수첩'을 만들자 스케줄 짜는 게 즐거워졌다.

마지막 행동은 〈9. 퇴근 10분 전에 '내일 할 일'을 계획한 후 퇴근한다〉였다. 이것을 실천하자 이튿날 아침 일을 빨리 시작하고 더욱 효율적으로 일할 수 있게 되었다.

이렇듯 아무리 문제에 집중해도 진전이 없고 움직일 수 없다면, 그 포커스를 행동에 맞춰보자. 단 1% 개선된 행동으로도 해결되는 문제는 많을 것이다.

모두가 만족하는 해결책을 찾자

33

서로 참기보다
'원-윈 해결책'을 찾으면 모두가 행복해진다.

우리는 일상에서 타인과 문제해결을 할 때 주로 '타협', '절충', '중단'의 방법을 사용하지만, 미국 하버드대학교에서는 '원-윈'을 먼저 생각하는 것이 조금 더 창조적인 방법이라고 말한다.

'원-윈'이란 서로 조금씩 손해 보는 것이 아니라 양방향 모두가 행복해지는 것이 좋다는 사고다. 그러기 위해서는 '상대방도 행복하고 나도 행복한 것'은 어디에 있는지 생각해볼 필요가 있다.

결혼 5년 차인 F씨 부부의 예를 들어보자.

아이가 태어난 지 1년 반이 지나고 육아에 지친 아내는 남편의 늦은 귀가에 불만을 품었고, 결국 싸움이 끊이지 않았다. 남편이 집에서 책을 읽고 있으면 "아이랑 좀 놀아달라", "집안일 좀 도와달라"고 말했다. 한편 남편은 "회사일이 바쁘다", "집에서는 조금 쉬고 싶다"고 했다. 그러면 아내는 당연히 "나는 쉴 시간도 없다", "주부는 24시간 일해야 한다"며 언성을 높였다.

이렇게 싸움이 끊이지 않을 때는 마지못해 절충안을 제시할지도

불만

부족감

불안

부자유

불쾌감

'불(不)'을 해결

행복!

Win-Win

모른다.

"그럼 설거지는 내가 담당할 테니까 화장실 청소는 당신이 해."

이렇게 절충안을 만들면 내가 참는 만큼 상대방도 참게 되니까 말이다.

그러나 서로 타협만 하다 보면 부자연스러운 '중단'이 생기게 된다.

이럴 때 가장 신경 써야 할 것은 요구, 주장이 아니라 마음 깊은 곳에 있는 '불(不)'을 찾는 것이다. 바로 '불만, 불안, 부족감, 부자유, 불쾌감'의 '불'이다.

아내의 '불'이 부자유에 있다면, 마음 깊은 곳에서는 자유를 원할 게 분명하다.

육아를 하다 보면 자신을 위해 쓸 수 있는 시간은 사라지게 된다. 그럴 때 남편이 한가롭게 책을 읽고 있으면, 지금껏 자유롭지 못한 상황을 잘 참고 있던 마음이 이내 폭발해버린다.

이 구조를 알면 '책을 덮고 부자유를 선택한다'가 아니라, 아내에게

'자유시간을 만들어주는 방법'을 모색할 수 있게 된다.

이를테면 토요일 저녁은 남편이 아이와 함께 요리를 하고, 그사이 아내는 평소에 하지 못했던 SNS에 답글을 남기는 시간을 가질 수도 있다.

F씨 부부는 일요일 오전에는 지인에게 잠시 아이를 맡겨둔 후 둘이서 영화를 보러 간다. 이것만으로도 아내의 육아 스트레스는 줄어들었고, 부부의 커뮤니케이션도 좋아졌다.

지금은 남편이 집에서 책을 읽어도 아내는 화를 내지 않는다고 한다.

최선을 다했다면
나머지는 하늘에 맡기자

34

철저히 준비했다면
결과를 떠나 그 상황을 즐기자.

결과나 상대방의 반응에 집착하면 압박감이 생겨서 앞으로 나아갈 수 없게 된다. 그럴 때는 "이것을 받아들일지 말지는 상대방 마음이다"라는 마음가짐이 중요하다.

내가 '업무 개혁' 강연회에 섰을 때의 일이다.

강연자는 나를 포함해 3명이었고, 기조강연은 하코네 역전 마라톤에서 4연승을 한, 미디어에서도 큰 인기를 끌고 있는 아오야마가쿠인 대학의 하라 스스무 감독이 맡았다.

인기 감독인 하라 스스무가 기조강연을 맡은 탓도 있고, 강연장을 꽉 채운 청중을 보자 나는 조금 불안해졌다.

왜냐하면 평소에 했던 기업 강연과 달리 그곳에는 나를 아는 사람이 거의 없었기 때문이다.

"내 이야기가 사람들에게 감동을 줄 수 있을까?"

"내가 과연 청중이 원하는 답을 해줄 수 있을까?"

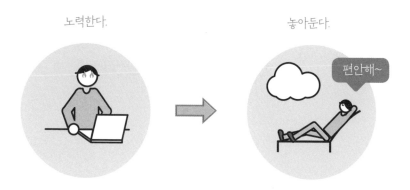

강연 순서를 기다리는 동안 내 심장은 요동쳤다.

하지만 문득 이런 생각이 들었다.

"지금 그것을 신경 써봤자 무엇이 달라질까?"

나는 이미 청중에게 강연 자료를 나눠줬기 때문에 강연 내용을 바꿀 수도 없었다. 게다가 강연 연습은 충분히 마쳤다. 따라서 이제 와서 반응을 걱정해봤자 아무 소용 없었다.

만약 자신이 원하는 내용이 아니라면 도중에 일어나서 강연장을 나가는 사람도 있겠지만, "그래도 상관없다. 이 순간을 즐기자." 나 자신에게 이렇게 말했다.

상대방의 마음보다 '내가 전달하고 싶은 것'에 집중하자 '강연을 즐기는 것'에 포커스가 맞춰졌다. 결과적으로 나는 설문조사에서도 좋은 평가를 받았다. 그것은 어쩌면 청중에게도 내 열정이 전해졌기 때문일지도 모른다.

물론 일이라는 것은 고객이나 상사에게 좋은 평가를 받아야 완성되기 때문에 상대방의 요구나 반응을 어느 정도는 신경 쓸 필요가 있다.

이를테면 기획안을 작성할 때는 수요자들의 요구를 상상해야 한다. 수요자의 요구를 만족시켜야 기획안이 채택되기 때문이다.

그러나 작성을 끝낸 후에는, 결과를 상상하는 건 그다지 의미 없다. 이것은 시험이 끝난 후에 합격일지 불합격일지 걱정하는 것과 같다.

이미 주사위가 던져진 일 가지고 이것저것 생각해봤자 마음만 어지럽다.

주사위가 던져졌다면 결과에 집착하지 말고 행동에 집중해야 한다. 그래야 압박감에서 해방될 수 있다.

철저히 준비했다면 반응과 결과는 놓아두고, 행동에 집중하자. 그렇게 하는 것만으로도 압박감은 줄어들고 조금씩 그 상황에 빠져들게 된다.

'지금은 이걸로 충분하다'며 넘어가자

35

지금의 한계를 알고,
미래의 나에게 배턴을 넘기자.

"내가 쓴 원고는 한심하다."

강연을 막 시작한 13년 전, 나는 처음으로 칼럼 집필 의뢰를 받았다. 원고료도 무료에 가깝고 구독수도 적은 미디어였지만, 처음으로 받은 집필 의뢰에 나는 그저 뛸 듯이 기뻤고 의욕도 그만큼 샘솟았다.

그러나 나는 내가 쓴 칼럼을 보고 매우 놀랐다. 정말 재미없었기 때문이다.

특색이라고는 전혀 찾아볼 수 없는 이 기사를 이대로 세상에 내놓아도 좋을지 의문이 든 나는, 내 코칭 강사에게 솔직한 감상을 부탁했다.

그러자 그 강사는 이렇게 말했다.

"코칭이 무엇인지 알기 쉽게 표현한 점은 좋았습니다. 그러나 후루카와 씨만의 특색은 보이지 않더군요. 어디까지나 교과서적인 일반론에 가까워서 그 점이 아쉬웠습니다."

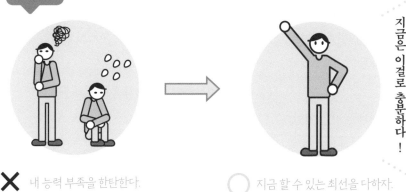

안 되겠어.

지금은 이걸로 충분하다 !

✕ 내 능력 부족을 한탄한다.

◯ 지금 할 수 있는 최선을 다하자.

그는 내가 마음속으로 느끼고 있던 것을 거침없이 지적해줬다. 나 또한 평소에 읽었던 프로 강사의 책에 비해 초보적이고 특색 없는 내 글로 인해 무력감을 느꼈다.

내 칼럼을 지적해준 그 강사는 통찰력이 깊은 책을 쓰는 저자이기 도 했다. 그래서 나는 '어떻게 하면 그런 책을 쓸 수 있는지' 그에게 물 었다.

그는 이렇게 말했다.

"지금은 이걸로도 충분하다고 생각하지 않으십니까?"

나는 이 한마디에 놀라울 정도로 평온해졌다. 칼럼을 처음 쓰는 사 람은 통찰력이 깊은 글을 쓸 수 없다. 따라서 현재 시점에서 할 수 있 는 최선을 다하는 수밖에 없다. "지금은 이걸로도 충분하다"는 말 속 에는 내 미래의 성장과 가능성이 포함되어 있었다.

"지금은 이걸로도 충분하다"는 말은 "노력하면 언젠간 나아진다"는 말과 같다. 그 말에 나의 불안감은 해소됐다.

'능력 부족을 받아들이는 마음'은 성장에 꼭 필요한 과정이다. 사람은 너무 높은 목표를 내걸고, 다른 사람과 비교하면 무력감에 빠지게 된다. 그리고 그 무력감은 행동을 방해하는 장해물이 된다.

최선을 다했다면 "지금은 이걸로 충분하다"고 받아들이고, 조금씩 성장해가는 것은 어떨까.

성장은 '현재의 나'에서 시작하는 방법밖에 없기 때문이다.

기대치를 낮추자

36

기대치와 현실의 차이가 커서 불만이라면,
기대치를 낮춰보자.

후지TV 토크쇼 〈우리들의 시대〉에서 여성 아나운서인 요시다 아
키요, 히토미 나카무라, 에리나 마스다가 대화를 나눈 적이 있다.

일과 육아를 동시에 하는 세 사람의 고충 중에서도 요시다 아키요
의 유연한 생각이 사고습관의 좋은 예라 생각되어 그녀의 말을 그대
로 적어보겠다.

히토미 나카무라: 남편에게 '고쳤으면 하는 점'이 있나요?

요시다 아키요: 이제 그런 점은 불치병이라고 생각해요. 나에게
도 물론 고쳐지지 않는 부분은 많겠지요. 그런 불치병은 서로 감
싸주고, 부족한 부분을 채워주는 게 부부라고 생각해요.

히토미 나카무라: 결혼생활에 불만이 없나 보죠?

요시다 아키요: 물론 불만도 있지요. 하지만 불만은 남이 주는
것이 아니라 내가 만들어내는 감정이라고 생각해요. 처음에는
싱크대에 그릇이 쌓여 있는 걸 보고 '왜 저걸 씻지 않지?'라고 생

✕ 이상을 강요한다.

왜 이렇게
청소를
자주 안해.

본인이
청소하고 싶을
때 하면 되지.

○ 기대치를 낮춘다.

각했는데, 지금은 그냥 제가 설거지를 해요. 남편은 더럽다고 생
각하지 않는데 내 기준으로만 설거지를 강요하는 건 옳지 않다
고 최근에 깨달았거든요. 그래서 지금은 남편의 생각을 존중하
게 됐어요.

　부부관계 전문가인 존 가트맨 박사의 연구에 의하면, 부부생활 중
일어나는 다툼의 69%가 '영원히 해결되지 않는 문제'라고 한다. 행복
한 결혼생활을 하고 있는 부부는 이 해결되지 않는 문제를 굳이 키우
지 않는다.
　인간은 누구나 완벽하지 않다. '청소를 하지 않는다', '사치를 부린
다', '준비시간이 길다' 등의 불만은 당연히 생기기 마련이다.
　문제가 없는 상태가 당연한 모습이 아니라, 어떤 것은 '영원히 해결되지 않는 문제'로 받아들여야 한다는 요시다 아키요의 견해가 신선했다.

"불치병이라고 생각한다", "불만도 내가 만들어내는 감정이다"라는 말은 상대방을 바꾸려고 하지 않고, 자신의 생각을 바꾸고 기대치를 낮추려는 참으로 유연한 사고방식이다.

상대방에 대해서도, 자신에 대해서도 '문제를 완전히 없애는 것'은 무리한 주문이다.

기대와 현실에 많은 차이를 느끼면 불만이 생기게 된다. 그럴 때는 상대방과 현실을 바꾸려고 하지 말고 '기대치'를 낮추는 편이 낫다.

너무 빨리 실망하지 말자

37

씨앗은 금방 꽃이 되지 않는다.
포기하지 않고 꾸준히 하면 반드시 꽃은 핀다.

프랑스의 수수께끼가 있다.

"어느 연못에 하루에 잎이 두 배씩 자라는 연꽃이 있다. 그 연잎이 연못을 다 메울 때까지 걸리는 시간은 30일이다. 그러면 연잎이 연못의 절반을 메울 때까지 걸리는 시간은 얼마일까?"

놀랍겠지만 답은 29일이다. 연잎이 연못을 가득 메우는 시간과 절반 메우는 시간의 차이는 고작 하루라는 소리다. 그럼 15일 동안은 얼마큼 메울 수 있을까? 답은 0.0015%다. 즉 한 달 중간지점에서 연잎은 거의 성장을 보이지 않는다.

처음에는 아주 천천히 성장하다가 어느 날 갑자기 급성장하는 시점을 '티핑포인트'라고 한다.

연잎이 29일째부터 갑자기 커지듯이, 노력의 성과도 때때로 이러한 이차곡선을 그릴 때가 있다.

내 사업파트너이자 유명한 저자인 이토 아키라는 처음 강사 생활을 시작할 때 "언젠간 반드시 내 책을 출간하자"는 목표로 매일 블로

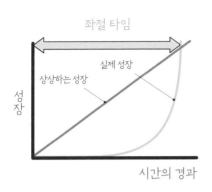

좌절 타임

실제 성장

상상하는 성장

성장

시간의 경과

중간에 포기하지 않아서 다행이야!

그에 글을 올렸다. 그러나 하루도 거르지 않고 매일 글을 써도 클릭 수는 늘어나지 않았다. 3년 동안 천 건의 글을 썼지만 광고성 메일만 올뿐 출판 의뢰는 들어오지 않았다.

성과가 나오지 않자 낙담했지만, 그래도 그는 매일 새로운 글을 올렸다. 그리고 글을 쓴 지 1,831일 되던 날, 드디어 대형 출판사에서 출판 의뢰가 들어왔다. 블로그를 시작한 지 5년이 지나서였다.

1,831일 동안 매일 거르지 않고 글을 썼다는 믿기지 않는 성실함이 출판사의 눈에 들어와, 그는 대히트 시리즈 저자로 연이어 책을 출간하게 됐다.

우리는 노력한 만큼 성과가 나오는 직선 성장을 기대하지만, 현실은 연못의 연잎처럼 또는 이토 아키라처럼 위의 그림과 같은 이차곡선을 그릴 때가 많다. 노력은 하지만 성과가 나오지 않는 시기에는 좌절하기 쉽다. 손태장은 이런 시기를 두고 '좌절 타임'이라고 말했다.

영어단어를 아무리 열심히 외워도 토익 점수는 금방 오르지 않고, 간단한 대화조차 나눌 수 없는 시기가 있다.

그러나 끈기를 갖고 몇 년 동안 열심히 공부하는 사람은 반드시 티 핑포인트를 만나 영어 실력이 단숨에 올라가게 된다. 역시 '꾸준함이 진리'다.

무언가를 시작할 때는 '좌절 타임'이 있으리라는 것을 미리 생각해 두는 편이 좋다.

진짜 이유를 생각하자

38

'어떻게 하면 꾸준히 할 수 있을지' 생각하는 것보다
'왜 꾸준히 하고 싶은지' 그것을 생각하는 것이
우선이다.

'아침 일찍 일어나기', '영어공부', '자격증 취득' 등 무언가 습관화하길 간절히 바라지만 꾸준히 하지 못하고 금방 포기해버리는 사람이 많다.

꾸준히 하지 못하면 "나는 의지박약이야", "나는 끈기가 없어" 하며 자신감을 잃기 쉽지만, 사실은 꾸준히 하지 못하는 근본 원인은 따로 있다. 그것은 진짜 이유가 없기 때문이다.

'아침 일찍 일어나기'를 습관화한 클라이언트 T씨의 예를 소개하겠다.

T씨는 부업을 하고 있다. 부업을 시작한 이유는 두 가지다. 첫 번째는 지금 하고 있는 일만으로는 생활비가 부족했기 때문이다. 또 하나의 이유는 아이들이 대학을 졸업한 후에는 자신이 진짜 좋아하는 일을 하고 싶었기 때문이다. 그래서 T씨는 자신이 진짜 좋아하는 일을 부업 삼아 조금씩 시작하기로 했다.

꼭 부업을 성공시키자!
그러기 위해서는
아침에 일찍 일어나야 한다.

외국계 기업에 취직하고 싶다!
그러기 위해서는 매일
영어공부를 해야 한다.

그러나 부업을 시작한 지 얼마 지나지 않아 본업의 야근이 많아 도저히 시간을 낼 수 없다는 벽에 부딪혔다.

밤에는 야근과 고객대응 시간이 많았고, 어쩌다 일이 일찍 끝난 날은 하루 종일 일에 시달려 '부업에 집중할 수 없다'는 문제가 있었다.

"그러면 부업할 시간을 어떻게 만들어야 할까?"

결론부터 말하면, 아침시간을 활용할 수밖에 없었다. 아침 5시에 일어나 6시부터 8시까지 2시간을 부업에 활용하기로 했다.

물론 야근이나 가족과의 약속, 밤의 유혹 등 난관은 수없이 많았다. 하지만 그런 어려움 이상으로 '하고 싶은 일'이 아침에 일찍 일어나는 원동력이 돼주었다. T씨가 꾸준히 아침에 일찍 일어날 수 있었던 것은 '진짜 이유'가 있었기 때문이다.

이를테면 새해 다짐으로 '아침에 일찍 일어나기'를 시작해도 그 이유가 단순히 '아침 여유를 느끼기 위해서'라면 밤의 유혹을 이길 수는 없다.

습관화는 '나는 무엇을 하고 싶은지? 무엇을 원하는지?' 이상향을 명확히 세우는 것부터 시작하는 것이 좋다.

"어떻게 하면 습관화할 수 있습니까?"라는 질문을 자주 받지만, 이것은 순서가 틀렸다. '왜 그것을 습관화하고 싶은지' 진짜 이유를 생각하는 것이 우선이다.

흔들리지 않는 진짜 이유가 보이면 나를 깨울 수 있다.

그리고 아침 일찍 일어나기도, 공부도 이유가 있으면 꾸준히 할 수 있다.

좋은 스토리에 나를 반영하자

39

정체기에 빠졌을 때,
나를 다시 일으켜 세워주는 것은 '스토리'다.

우리는 정체기에 빠지거나 용기를 잃었을 때 다른 사람의 스토리를 보고 다시 일어서기도 한다.

나는 계속해서 도전하고 싶을 때는 사과 농부 기무라 아키노리의 스토리를 보며 용기를 낸다. 《기적의 사과》라는 베스트셀러 책도 있고, 아베 사다오 주연의 영화도 있기 때문에 기무라 아키노리를 아는 사람은 많을 것이다. 나도 그 영화에 감명받은 사람 중 한 명이다.

그는 절대 불가능하다는 '무농약 사과' 재배에 성공하기까지 약 8년이 걸렸다. 극심한 생활고와 마을의 따돌림 속에서 시행착오를 겪고, 자살을 생각할 정도로 힘든 시기 끝에 무농약 사과 재배법을 발견했다.

나는 신규 사업에 실패해 마음이 좌절됐을 때 기무라의 스토리를 보며 다시 용기를 냈다.

"기무라의 장렬한 고투에 비하면 지금의 내 상황은 별거 아니다."

이렇게 나에게 용기를 줬다.

손정의의 저서와 이나모리 가즈오의 일본항공(JAL) 재건 스토리도 나에게 용기를 주는 이야기다.

'나에게 용기를 주는 스토리를 얼마나 갖고 있는지'에 따라 사고습관은 바뀐다.

스토리는 의욕과 도전을 응원해준다.

위인의 전기나 인생 스토리가 나오는 TV 방송이 의식에 영향을 주는 이유는 보고, 듣고, 느낄 수 있기 때문이다.

사람의 감정은 말이 아니라 이미지에 의해서 움직인다.

아름다운 말로 장식한 정론보다 상상하기 쉬운 경험담이 사람의 마음을 더 잘 움직인다.

이미지는 우리의 뇌에 스위치를 켜준다.

따라서 힘이 들 때는 좋아하는 스토리를 머릿속으로 그려보자.

도전 스토리뿐 아니라 힐링 스토리도 좋다. 책에 나오는 유명인뿐 아니라 주변 사람들의 구체적인 에피소드도 나를 깨워주는 스토리가 될 수 있다.

내 마음을 강하게 뒤흔드는 스토리, 심금을 울리는 스토리를 찾아보자. 그 스토리에 나를 반영하면, 나 또한 그 스토리의 주인공이 될 수 있다.

일반론이 아니라 나에게 감동을 주는 스토리에서 인생의 교훈을 얻자.

플러스 의미를 발견하자

40

'의미'를 발견하면
성장할 수 있다.

어느 날 아침 일찍 한 남자가 밀려오는 파도를 바라보며 해변을 걷고 있는데, 셀 수 없을 정도로 많은 불가사리가 햇볕에 말라 죽은 것을 발견했다. 그 이상한 광경에 잠시 멍하니 있는데, 저쪽 편에서 한 젊은 여자가 불가사리를 하나씩 집어 바다에 던지는 모습이 눈에 들어왔다.

남자는 그 여자가 있는 쪽으로 걸어가 이렇게 말했다.

"왜 그런 시간 낭비를 해요? 불가사리가 이렇게 많은데 일일이 손으로 주위 던지는 건 의미가 없잖아요."

그러자 그 여자는 발밑에 있는 불가사리를 하나 주워 바다로 던지면서 말했다.

"저 불가사리에게는 의미가 있을 거예요."

그러고는 다시 발밑에 있는 다른 불가사리로 손을 뻗었다.

의미라는 것은 누가 주는 것이 아니다. 저 바닷가의 여자처럼 자신이 발견하는 것이다.

맞아! 이 일에도 의미가 있을 거야.

　내가 입사 1년 차 때 컴퓨터 매장으로 발령 나 힘들었던 일 중 하나가 '매장으로 걸려오는 클레임 전화'였다. 그 매장에서는 상품을 판매한 본인이 아니라 전화를 받은 사람이 클레임에 대응하는 규칙이 있었다.

　클레임 대응은 누구나 싫어하는 일이다. 나는 처음에는 전화를 받지 않으려고 계산대 앞은 피해 다녔는데, 이상하게도 피하면 피할수록 전화를 받을 수밖에 없는 상황이 일어났다.

　계속 피해봤자 스트레스만 더 커지겠다고 생각한 나는 클레임 전화에 의미를 부여한 뒤, 전화를 받기로 결심했다.

　이를테면 클레임 대응은 '커뮤니케이션 훈련'이라고 의미를 붙였다. 그러자 적극적으로 대응할 수 있게 됐다.

클레임 대응을 하기 위해서는 우선 고객의 불만에 공감하고, 내가 하는 말에 세심한 주의를 기울이면서 최종적으로 고객을 이해시킬 필요가 있다.

그러기 위해서는 상대방의 마음을 헤아리고 수용하는 EQ력(감정적 지성), 심한 욕설을 들어도 눈 깜짝하지 않을 담력, 순간적으로 대답을 생각해내는 재빠른 두뇌 회전력이 요구된다.

이런 능력은 직장인에게 꼭 필요한 능력이다. 따라서 나는 클레임에 대응할수록 커뮤니케이션 능력이 커진다고 생각했다.

그러자 신기하게도 클레임 전화 받는 것이 점점 좋아졌다. 의미를 붙이는 것만으로도 피하고 싶은 마음은 사라졌고, 그렇게 싫던 클레임 대응이 자발적인 행동으로 바뀌었다.

어떤 의미를 발견할지는 사람마다 다를 테지만, 의미 발견이 성장에 있어서 효과적인 사고습관인 것만은 분명하다.

나의 경험과 연결해서 생각하자

41

새로운 난관도 과거의 성공경험에 비춰 보면
본질적인 해결책이 보인다.

머리로는 이해해도 가슴이 이해하지 못하면 의욕은커녕 반드시 행동에 브레이크가 걸리게 된다. 주저 없이 앞으로 나아가기 위해서는 머리와 가슴이 전부 이해하는 것이 중요하다.

우리는 경험이 없는 새로운 일에서 난관에 부딪혀 힘들 때가 있다. 그럴 때는 내가 경험한 일에 비춰 보면 그 해결책이 보인다.

나는 마흔에 처음으로 극진공수도를 배웠다. 아들에게 가르쳐주기 위해 배우기 시작한 운동이지만, 언제부턴가 내가 빠져들어 본격적으로 운동을 하게 됐다.

나는 첫 시합 2회전 때 상대 선수에게 얼굴을 세게 맞아 손발도 못 쓴 채 허무하게 패배했다. 그 후 공포심이 생겨서 대결할 때조차 상대 방 뒤만 졸졸 따라다녔다.

일본 챔피언 지도자에게 '어떻게 하면 공포심을 없앨 수 있는지' 묻자 그는 이렇게 말했다.

"공포심은 연습을 많이 해야 극복됩니다."

맞아!

그때는 그랬지!

과거의 경험

내가 신뢰하는 선생님이 한 말이었기 때문에 머리로는 "그렇구나" 하고 이해했다. 그러나 대결을 할 때마다 공포심이 생겨났고, '정말 극복할 수 있을지' 가슴으로는 의문이 들었다.

그때 나는 '이와 비슷한 경험이 있었는지' 생각해봤다.

딱 떠오른 것이 프레젠테이션이었다. 나의 본업은 기업연수와 강연이기 때문에 사람들 앞에서 말하는 것은 일상적인 일이다. 그래서 사람들에게 "프레젠테이션을 할 때 긴장하지 않는 방법은 무엇인가요?"라는 질문을 많이 받는다.

그런 질문을 받으면 테크닉과 함께 "결국 중요한 것은 경험 횟수입니다!"라고 말한다. 횟수를 늘리면, 긴장감을 완전히 없앨 수는 없지만, 적어도 압도되지는 않는다. 따라서 사람들 앞에서 말하는 경험이 절대적으로 필요하다.

지금 당장 프레젠테이션의 긴장감을 떨쳐버리고 싶은 사람에게는 애매한 대답일지도 모른다. 그러나 내 경험으로 비춰 보면 그렇게 대답할 수밖에 없다.

그럼 여기서 공수도와 프레젠테이션은 본질적으로 구조가 같다는 사실을 깨달을 수 있다.

공수도는 공포심, 프레젠테이션은 긴장감, 그리고 "지금 당장 없애고 싶다!"는 성질도 비슷하다. 나에게 성공경험이 있는 프레젠테이션에 비춰 보자 공수도 선생님의 말이 이해됐고, 공포심을 극복한 미래의 내 모습이 그려졌다. 그리고 결국 매일 연습이 중요하다는 사실도 깨달았다.

이처럼 도저히 이해할 수 없는 막막한 일이 있을 때는 자신의 성공경험에 비추어 생각해보는 것도 좋은 방법이다.

의욕을 높이는 말버릇을 만들자

42

'보이지 않는다', '모르겠다'를
'찾자', '배우자'로 바꾸면 의욕이 높아진다.

《성공하는 사람들의 7가지 습관》을 일본에 전한 작가 제임스 스키너의 강연 중, 질의응답 시간에 30대 남성이 손을 들고 이런 질문을 했다.

"내가 무엇을 하고 싶은지 보이지 않습니다. 어떻게 하면 천직을 발견할 수 있을까요?"

이 질문에 제임스 스키너는 다음과 같이 대답했다.

"당신은 '찾는' 행동을 얼마나 했습니까? '발견'은 찾는다는 행동의 결과입니다. 당신은 하고 싶은 일을 발견하기 위해 어떤 행동을 했습니까?"

질문자는 "거의 아무것도 하지 않았습니다……"라며 울먹였다.

"그러면 발견할 수 없습니다. 우선은 찾는 행위를 해야 합니다."

제임스 스키너는 이렇게 조언했다.

'발견', '알다'는 결과다. '찾다', '탐구하다', '배우다', '시도하다'는 원인이 되는 행동이고, 그것들은 자신이 할 수 있는 일이다.

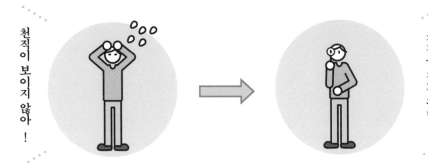

천직이 보이지 않아 !

무엇을 하면 좋을까 ? 천직을 찾기 위해

그리고 사소한 말투 하나로도 사고를 바꿀 수 있다.

앞의 예에서 "하고 싶은 것이 보이지 않는다"를 "하고 싶은 것을 찾지 못했다"로 바꿔보자.

"어떻게 하면 야근을 줄일 수 있을지 모르겠다"고 말하지 말고 "야근을 줄이기 위한 방법을 배우자, 시도하자"로 말을 바꿔보자.

'모른다'는 단어를 사용하면 사고가 정지되지만 '배운다', '시도한다'라는 단어를 사용하면 행동할 여유가 생긴다.

이를테면 "저는 자아상이 낮습니다. 어떻게 해야 자아상이 높아질까요?"라는 질문을 받으면 나는 "어떻게 하면 자아상을 키울 수 있을까요?"라고 되묻는다.

'높다', '낮다'는 둘 중 하나를 가리키는 말이다. 하지만 '키우다'라는 말에는 움직임이 있고 성장의 여지가 있다.

수동적인 말: 찾을 수 없다, 할 수 없다, 모른다, 어렵다

주체적인 말: 시도하다, 배우다, 찾다, 탐구하다, 키우다, 성장하다

이처럼 머릿속에 있는 말을 주체적인 말로 바꾸는 것만으로도 사고는 바뀐다.

무의미한 것은 없다고 생각하자

43

내가 하는 일에 어떤 의미와 가치가 있을까?
거기에 경계는 없다.

일에서도 인생에서도 불운과 불행이 반복되면 사람은 부정적으로 바뀔 수밖에 없다. 그럴 때는 지금부터 소개하는 이야기를 마음에 되새겨보자.

이것은 한 불교 서적에 나온 선문답 같은 대화다. 조금 길지만 함축적인 문답이기 때문에 그대로 인용한다.

젊은 스즈키 다이세쓰가 이미 노승이었던 샤쿠 소엔에게 가르침을 청하는 한 구절이다.

샤쿠 소엔은 나쓰메 소세키가 수행한 절로도 유명한 임제종 원각사의 전 관장으로, 일본 불교를 세상에 전파한 사람이다. 그리고 그의 말을 영어로 번역해 널리 알린 사람이 스즈키 다이세쓰다.

스즈키 다이세쓰가 말했다.

"저는 수년 동안 참선을 했지만 아직 무엇 하나 깨달은 것이 없고, 이런 내가 불교에 대한 초안을 번역하는 건 불가능하다고 생각합

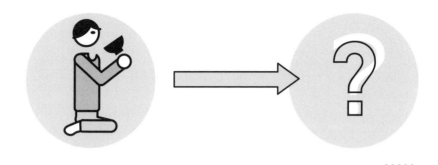

니다."

샤쿠 소엔은 스즈키 다이세쓰에게 "이것은 무엇이냐?"라며 차를 내보였다.

스즈키 다이세쓰가 "차라고 생각합니다"라고 대답하자 샤쿠 소엔은 그 차를 눈앞에서 삼켜버렸다.

"그럼 이제 차는 어디로 갔느냐?"

"그것은 스님의 배 속으로 들어갔습니다."

스즈키 다이세쓰는 대답했다.

샤쿠 소엔은 이렇게 말했다.

"그렇다. 지금 그 차는 아침으로 먹은 죽과 위의 점액과 함께 내 배속에 있다. 하지만 지금은 배 속에 있다고 해도 들어간 것은 언젠가 반드시 나오게 돼 있다. 여기서 질문을 하나 더 하겠다. 그럼 나온 것은 차일까, 아니면 다른 무언가일까?"

"그것은…… 다른 무언가라고 생각합니다."

"음. 그럼 또 하나 묻겠다. 내가 마신 차는 어디로 사라졌을까? 언제까지 차라고 불릴 수 있을까?"

"그것은……."

스즈키 다이세쓰의 대답이 막혔다.

최종적으로 샤쿠 소엔은 이렇게 말했다.

"경계는 없는 것이다. 조금 전 자네는 그것을 차라고 말했다. 하지만 나에게는 인연과 생명으로 보였다. 뜨거운 물에 끓여지고 차가 되

기 전, 찻잎은 식물로 살아왔다. 그 식물은 물과 햇빛을 받고, 다양한 영양분이 있는 흙을 양분으로 자라왔다. (중략) 우리는 먼 과거보다 먼 미래로, 생명과 인연의 흐름 속에서 살고 있다. (중략) 언뜻 무의미하게 보이는 일도 전부 의미가 있고, 일어나야 해서 일어나는 일이다. 짓밟힌 열매, 낙태된 태아, 방치된 짐승의 사체조차 과거에서 현재로 그리고 아직 보이지 않는 미래로 영향을 미치고, 그리고 무언가의 초석이 된다." (중략)

"아마 그런 것은 아닐까. 나도 불교의 모든 것을 알 수는 없다. 하지만 이대로 계속하는 것도 좋다고 믿는다."

이 이야기는 여기서 끝이 난다.

나도 창업하고 3년 동안은 강의 세계에서 내가 설 자리를 찾지 못해 괴로움에 발버둥 쳤었다. 꿈에 그리던 강사라는 직함을 얻었지만 '영업 강사', '동기부여 강사', '아침조례 전문 강사' 등 만날 때마다 명함 직함이 바뀌냐며 놀림당할 정도로 무엇 하나 잘되는 일이 없었고, 내 자아를 실현할 자리가 보이지 않았다.

내 자리를 찾기 위해 필사적으로 노력해도 3년 동안은 우왕좌왕할 뿐이었다. 더 이상은 못 하겠다고 생각하며 하천을 산책하고 있을 때 문득 집필을 생업으로 삼고 싶다는 계시 같은 것을 느꼈고, '습관화'라는 아이디어를 만났다. '습관화'는 내가 평생 추구하는 주제이고, 내가 있을 최고의 자리라고 생각했다.

지금까지 한 일이 모두 무의미하다고 생각했지만, '습관화'라는 주제를 만날 때까지 3년 동안 우왕좌왕한 것은 무엇 하나 버릴 수 없는 소중한 경험이었다. 모두 의미가 있고 필요해서 일어난 일이라고 지금은 이해할 수 있다.

"긴 인생 속에서 무의미한 것은 하나도 없다."

이런 시점을 가지면 눈앞의 일에 대한 해석이 바뀔 것이다.

감사하는 사고를 갖자

44

감사 습관을 몸에 익히면
행복 체질이 된다.

"감사하는 마음을 갖자 일상의 고민들이 사라졌다."

NHK의 '행복학' 강좌 제작팀에 의하면 '감사'를 느끼는 사람은 그것만으로도 마음이 풍부해진다는 연구결과가 있다.

행복한 사람의 공통점은 감사 습관에 있다.

그리고 감사 습관을 몸에 익히면 행복 체질이 된다.

나는 전에 한 화학회사에서 3시간 동안 사고습관 강의를 한 적이 있다.

일본에서 해외로 화학공장을 이전하면서 직원 60명이 해외로 가게됐고, 그로 인해 직원들의 원성이 높았다. 사장은 "어떻게든 직원들의 생각을 긍정적으로 바꾸고 싶다"는 이유로 나를 섭외했다. 나는 매우 힘든 의뢰라고 생각했지만, 꼭 힘이 돼주겠다고 회사에 말했다.

강의는 지금 있는 불안과 불만을 전부 들어주는 것부터 시작했다.

그러자 얼마 동안은 울분 섞인 목소리가 터져 나왔다.

"나 혼자 해외로 나가려니 남겨진 가족이 걱정됩니다." "종교나 음

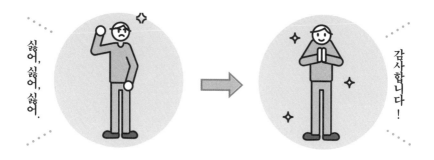

식 등 우리나라와 다른 점이 너무 많아 불안합니다." "고향을 떠나본 적이 한 번도 없는데 해외로 나가라니, 너무합니다." "아이들을 데리고 나갈 수는 없습니다." "혼자 가는 건 너무 외롭습니다." 등등.

그러나 강의 한 시간이 지났을 때 어느 참가자가 이렇게 말했다.

"그래도 일이 있다는 것만은 감사하지만……."

이 말이 나온 배경은 다음과 같다.

경쟁회사도 이 회사와 마찬가지로 공장을 해외로 이전했는데, 이전 후 남은 직원을 퇴직시켰다. 그런데 이들의 회사는 노동조합과 합의해 인사이동은 하지만 해고는 하지 않기로 결정했다고 한다. 그 대신 발령은 받아들여야 한다는 합의가 있었다.

다른 참가자도 "확실히 지금 퇴직을 당하면 갈 곳이 없기는 하지……"라고 말했다. 그러면서 점점 감사의 목소리가 들리기 시작했다.

강의 3시간만으로 모든 직원이 해외발령을 긍정적으로 받아들이긴 힘들었지만, 감사를 느껴본 것만으로도 긍정적인 해석은 넓어졌다.

부정적인 생각에 쉽게 빠지는 사람이 있었다. 그는 감사일기를 쓰기 시작하자 "고민이 극적으로 줄어들었다"고 말했다.

부정적인 일도 감사할 줄 아는 마음을 가지면 "더 큰 일이 일어나지 않아서 다행"이라고 해석할 수 있게 된다.

감사가 습관화되면 이렇게 해석의 차원이 달라진다.

감정
습관

하고 싶은

것을

찾아내다

풍부한 감정습관을 되찾자

우선, 우리가 평상시에 느끼는 감정을 생각해보자.

긍정적인 감정이라면 안심, 편안함, 자기긍정감, 만족감, 감사, 성취감, 평화, 유대감 등이 있을 것이다. 한편 부정적인 감정이라면 불안, 초조, 자기혐오감, 좌절감, 후회, 공포, 절망, 우울, 고독감 등이 있을 것이다.

우리는 평소에 어떤 감정을 느끼는 시간이 많을까?

행동과 사고에 패턴이 있듯이 마음으로 느끼는 감정에도 패턴이 있다. 나는 이것을 '감정습관'이라고 부른다. 인생을 행복하게 살고, 사회활동을 오래 하기 위해서는 '좋은 감정습관'을 갖는 것이 중요하다.

바쁜 일상과 업무에 쫓기다 보면 '감정'에 신경 쓸 시간은 줄어들게 된다. 오히려 감정을 덮어둔 채 지내는 것이 보다 편하게 느껴질 때도 있다. 그러나 감정습관이 나빠지면 행동습관과 사고습관에 악영향을 미치고, 인생과 업무의 만족도는 떨어지게 된다.

긍정심리학에는 '3:1 법칙'이라는 개념이 있다. 인간이 행복을 느끼는 전환점은 긍정적인 감정 3, 부정적인 감정 1을 느낄 때라고 한다.

이 법칙이 흥미로운 이유는 부정적인 감정도 반드시 필요하다고 말하기 때문이다. 불안감이 없으면 준비가 이뤄지지 않고, 초조함이 없으면 속도가 나지 않는다. 또한 적당한 자기혐오감이 없으면 반성을 하지 않게 된다. 따라서 마이너스로 보이는 감정도 인간에게는 절대적으로 필요하다.

그러나 비율이 중요하다. 이를테면 부정적인 감정이 3, 긍정적인 감정이 1이면 어떻게 될까? 그 사람은 항상 불안, 초조, 무기력, 자기혐오에 빠져 있을 것이다.

사람은 누구나 부정적인 감정에 사로잡힐 때가 있다. 그러나 그 감정을 오래 간직할지 금방 떨쳐버릴지로 상황은 완전히 바뀐다.

나는 습관화 컨설팅을 할 때면, 습관화에 대한 고민을 들으면서 '지금 어떤 마음 상태인지' 항상 상대방의 감정에 집중한다.

이를테면 생활습관이 나쁠 때는, 반드시라고 해도 좋을 정도로, 감정습관도 나빠져 있다.

일이나 인간관계에서 짜증 나는 일이 생기면 음주, 과식, 인터넷쇼핑 등으로 스트레스를 풀고 싶어질 것이다. 스트레스 감정이 클수록 나쁜 행동습관에 빠지기 쉽다.

그리고 하고 싶은 것이 없고, 좋아하는 것을 모를 때도 감정습관을 잘 살펴봐야 한다.

대답을 모른 채 다른 길로 내달리다 보면 엉뚱한 자아찾기가 시작되고 만다. 그러나 행복을 찾아 떠나는 파랑새 이야기처럼 대답은 밖이 아니라 내 안에 있다. 이 사실을 깨닫지 못하면 쳇바퀴만 돌게 된다.

중요한 것은 마음속 깊은 곳에 잠자고 있는 '몰두'와 '열정'을 깨워

욕구와 만나게 하는 것이다. 이 욕구가 폭발하면 파워풀한 감정이 샘솟는다. 이 욕구와 감정을 기반으로 좋아하는 것과 천직을 탐구하면 된다.

그러면 그 강렬한 감정은 어디에서 태어날까. 그것은 신념과 본질이라는 두 가지 힘에 의해 탄생한다.

신념이란 그 사람이 무의식중에 믿고 있는 생각이다.

"나는 할 수 있다"고 믿는 사람과 "나는 할 수 없다"고 믿는 사람은 같은 상황에 놓여도 다른 감정을 느낀다. 할 수 있다고 믿는 사람은 희망과 가능성과 자신의 힘을 느끼지만, 할 수 없다고 생각하는 사람은 절망과 폐쇄감과 무력감을 느낀다.

본질은 태어날 때부터 갖고 있는 욕구와 특성이다. 행복을 느끼는 세계는 사람마다 다르다. 목표달성이 행복인 사람도 있고, 사람들과의 만남이 행복인 사람도 있다. 또한 새로운 도전을 좋아하는 사람도 있고, 평온하고 무사한 일상을 좋아하는 사람도 있다. 이것들은 바꿔

감정습관을 낳는 두 가지 힘

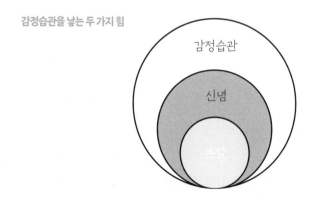

야만 하는 것이 아니라, 나답게 따르는 것이 중요하다.

스티브 잡스는 스탠퍼드대학교 연설에서 이렇게 말했다.

"무엇보다 중요한 것은 내 마음과 직감을 따를 용기를 갖는 것이다. 우리의 마음과 직감은 내가 무엇을 원하는지 잘 알고 있다. 다른 것은 이차적인 문제다."

내가 이 말을 소개하면 사람들은 "마음과 직감을 따르는 방법은 무엇입니까?"라는 방법론을 묻는다. 하지만 이것은 생각으로 얻어지는 것이 아니다. 마음과 영혼이 반응하는 것이다. 따라서 '감각'을 키울 수밖에 없다.

그중 가장 심플한 대답은 '나를 깨우는 방법을 내면에 물어보고, 그것을 습관화하는 것'이다.

마음 심층 부분이 'YES'라고 대답하는 방법을 늘리고, 'NO'라고 대답하는 것을 놓아버리자. 그러면 인생도, 습관도 더 나아질 것이다.

그럼, 이 장은 세 번째 파트로, 감정습관을 만드는 방법을 소개하겠다.

방전을 줄이고 충전을 늘리자

45

마음의 힘이 최고가 됐을 때
가장 큰 만족감을 얻을 수 있다.

우선 감정습관을 알기 전에, 내 감정을 저하시키는 요인과 상승시키는 요인을 찾아보자.

하루 생활 중 우리의 감정, 기분, 에너지를 저하시키는 요인은 무엇일까?

- ◆ 아침 일찍 일어나려고 했는데 7시 30분에 겨우 일어났다.
- ◆ 점심식사로 기름진 돈가스를 먹었다.
- ◆ 빨래가 산처럼 쌓였다.
- ◆ 참지 못하고 아이에게 화를 냈다.
- ◆ 집이 더러워서 한숨이 나왔다.
- ◆ 약속시간 30분 전에 친구와 술 약속이 깨졌다.
- ◆ 지난주에 내야 할 보고서를 아직도 미루고 있다.

이런 일은 누구에게나 하루에도 수십 번씩 일어난다. 이런 것들은

근력운동을 한다.

전철 안에서
좋아하는 음악을 듣는다.

인스턴트 음식을
먹는다.

충전 | 방전

우리의 감정을 저하시킨다는 의미에서 '마음의 방전 리스트'라고 불러보자. 좋은 감정습관을 만들기 위해서는 방전 리스트를 글로 적은 후 줄여나가는 것이 좋다.

그러면 방전 리스트를 줄이면 마음이 행복해질까? 꼭 그렇지만은 않다. 이것은 마이너스를 제로로 만들어줄 뿐이다.

그럼 하루 생활 중 우리의 감정, 기분, 에너지를 상승시키는 요인은 무엇일까?

◆ 서재에서 30분 동안 여유롭게 독서했다.
◆ 전철 안에서 퀸 노래를 들었다.
◆ 윗몸일으키기를 해 복근을 만들었다.
◆ 일기를 썼다.

- 가족과 함께 식사를 했다.
- 보고서를 잘 만들었다고 상사에게 칭찬 들었다.

이러한 것들은 우리의 감정 에너지를 상승시킨다는 의미에서 '마음의 충전 리스트'라고 불러보자. 사람마다 만족을 느끼는 부분은 다르다.

충전 리스트를 미리 적어놓으면 방전된 하루 끝에 조금이라도 감정을 충전시키는 '작은 행동'을 할 수 있다.

오늘 하루를 얼마나 충실하게 보냈는지 되돌아보고(%로 표시), 방전 리스트와 충전 리스트를 적어보자.

되돌아본다는 행위는 매우 중요하다. 방전 리스트와 충전 리스트를 글로 적으면 오늘 하루 마음에 쌓였던 스트레스와 마음을 기쁘게 한 행동을 파악할 수 있다. 그 행동을 바탕으로 방전 리스트를 줄여나가고 충전 리스트를 늘려가면 좋은 감정습관을 만들 수 있다.

이것이 현재의 감정습관을 아는 계기가 되고, 나아가 작은 개선을 시작하는 습관이 된다.

마인드풀이 되자

46

지금 이 순간에 집중하면
스트레스는 줄어든다.

마음은 '마인드풀(지금 여기에 집중하는 것)'일 때에 만족감을 느끼고, '마인드리스(마음이 다른 곳에 있는 것)'일 때에 스트레스를 느낀다.

바쁜 일상 속에서도 일에 100% 몰두하는 동안에는 스트레스가 줄어든다. "이것도 해야 하고 저것도 해야 하는데……"와 같이 의식과 행동이 여러 곳으로 분산되면 뇌는 스트레스를 받는다.

스트레스는 과거의 후회와 미래의 불안에서 태어난다.

최근에는 마인드풀니스가 유행이다. 구글이나 매킨지&컴퍼니 등 외국기업에서 일하는 사람들은 스트레스 해소와 집중력 회복을 위해 명상 시간을 갖는다고 한다.

나도 가마쿠라의 엔가쿠지나 야나카의 젠쇼안에 가서 좌선을 한다.

좌선이란 등을 쫙 펴고 호흡수를 세는 간단한 방법이다. 좌선을 할 때 처음 10분 정도는 잡념이 떠올라 마인드리스 상태가 지속되지만, 이것을 뛰어넘으면 호흡에만 집중하는 마인드풀 세계로 들어가게 된다.

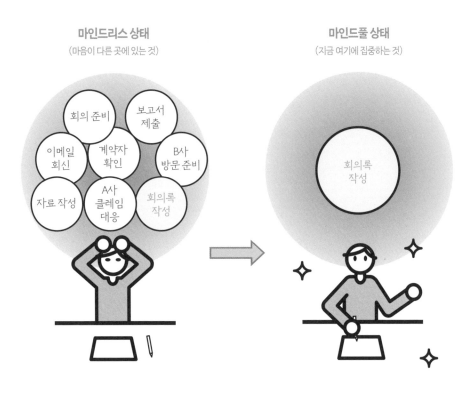

마인드리스 상태
(마음이 다른 곳에 있는 것)

마인드풀 상태
(지금 여기에 집중하는 것)

회의 준비
보고서 제출
이메일 회신
계약자 확인
B사 방문 준비
자료 작성
A사 클레임 대응
회의록 작성

회의록 작성

결코 '무(無)'라고는 말할 수 없지만, '지금 이 순간'은 분명히 느낄 수 있다. 또한 마인드풀 세계에는 깊은 고요함이 있어, 무한한 마음의 평화가 찾아온다.

마음이 마인드풀 상태에 들어가 '지금 이 순간'을 느낄 수 있게 되면, 스트레스에서 해방되고 마음이 치유되어 맑은 집중력을 되찾을 수 있다.

이처럼 호흡에 집중하는 동안에는 잡념, 고민, 스트레스가 사라지고, 고요하고 평화로운 마음에 깊이 잠기다 보면 '지금까지 나를 괴롭

힌 것은 아주 사소한 것'이었다는 사실을 깨닫게 된다.

정작 그 문제에 깊이 빠져 있을 때는 보이지 않던 것이, 마음이 고요하고 평화로운 세계에 들어가면 달관해서 보이게 되는 것이다.

마인드풀이 되기 위해서는 반드시 명상만 필요한 것이 아니다.

자연을 걷는 시간도 좋고, 운동을 하는 것도 좋다. 내 경우 15분 동안 수영에 몰두하면 의식이 머리에서 몸으로 이동한다. 즉 수영이라는 '지금 이 순간'을 느끼게 되는 것이다.

이렇듯 몰두할 수 있는 취미를 만들면 '지금 이 순간'을 느낄 수 있다. 또한 일에 있어서는, 여러 가지 일을 한 번에 처리하기보다 한 가지 일에 몰두하면 마인드풀이 된다.

술, 도박, 스마트폰 등으로도 '지금 이 순간'에 집중할 수 있지만, 그것은 절대 마인드풀이 되지 못한다. 이러한 것들은 도가 지나치면 돈이나 신체에 큰 손상을 입기 때문이다.

마음은 복잡하고 분산된 의식 상태보다 마인드풀 상태를 원한다.

'주도권'을 되찾자

47

일상에서 주도권을 잡으면
행복도가 50% 올라간다.

긍정적인 감정을 만들기 위해서는 일상과 일에서 주도권을 되찾는 것이 매우 중요하다. 들어가기에서 소개한 행복의 공식대로 '자발적 활동'이 행복도의 50%를 차지한다.

나는 이전에 《일찍 일어나는 기술》을 집필할 때, 일찍 일어나기의 본질적인 장점을 이야기했다.

일찍 일어나고 싶은 이유는 사람마다 다르다. '영어공부를 하기 위해', '아침 일찍 출근해 하루의 계획을 세우기 위해', '조깅을 하기 위해', '여유를 갖기 위해', '밤늦게까지 TV를 보지 않기 위해' 등등.

많은 사람들에게 일찍 일어나고 싶은 이유를 물어본 후, 나는 그 근본에는 한 단계 깊은 욕구가 있다는 사실을 깨달았다. 그것은 바로 타성에 이끌리거나, 누군가에게 휘둘리거나, 시간에 쫓기는 것이 아니라 '주도권'을 되찾고 싶다는 욕구다.

'일찍 일어나기'는 일어나는 시간을 주체적으로 정하는 것이다. 주도권, 자기컨트롤이 행복도를 크게 좌우한다는 것을 생각하면 습관화

스마트폰을 끄는 시간을 정한다.

· · · · ·

기상시간을 스스로 정한다.

아침 10분 동안 하루의
업무계획을 세운 후 일을
시작한다.

대상 중에서도 '일찍 일어나기'가 보편적으로 인기 있는 것이 어느 정도 수긍이 간다.

하지만 일어나는 시간만으로 주도권을 되찾을 수는 없다.

나태한 감정에 이끌리고, 시간에 쫓기고, 상사에게 휘둘리는 등 무언가에 휘둘리고 쫓기고 이끌리다 보면 행복도는 내려간다.

반대로 스스로 컨트롤하는 감각이 있으면 행복도는 올라갈 수 있다.

주도권을 되찾기 위해서는 우선 자신이 무엇에 휘둘리는지 글로 적어보고, 휘둘리지 않을 간단한 방법을 세워서 실행해야 한다.

이를테면 다음과 같은 내용이다.

◆ 아침 1시간 일찍 일어난다. → 매일 아침 허둥대는 시간을 없앤다.

◆ 아침 10분 동안 하루의 업무계획을 세운 후 일을 시작한다. → 일을 순서 없이

진행하지 않는다.

- 아침 30분은 이메일을 보지 않고 자료작성에 집중한다. → 돌발사항에 휘둘리지 않고 집중한다.
- 약속 15분 전에 도착한다. → 러시아워를 생각해 여유 있게 나온다.
- 밤 10시 이후에는 핸드폰을 끈다. → 핸드폰 의존증에서 벗어난다.
- 일기를 쓰며 하루를 되돌아보자. → 하루 종일 휘둘렸더라도 마지막은 나와 마주한다.

부정적인 감정에 휘둘릴 때나 행복도가 내려갔을 때는 수동적인 패턴이 생길 수밖에 없다. 그 패턴을 없애는 간단한 방법을 세우는 것만으로도 주도권을 되찾을 수 있다.

가슴 뛰는 행동을 하자

48

가슴 뛰는 행동 열 가지를 하면
어렸을 적 호기심이 되살아난다.

"이 세상에는 사람들이 생각하는 것보다 훨씬 많은
행복이 있다. 사람들은 그걸 보지 못하는 것뿐이다."

—동화작가 마테를링크

긍정적인 감정을 만들기 위해서는 설렘을 만드는 것이 중요하다.

누구나 이런 고민을 할 것이다.

"매일 반복되는 일상에 지쳐버렸다."

"딱히 취미도 없어서 휴일에는 집에만 있는다."

"새로운 자극도 없이 1년이 순식간에 지나가 버렸다."

이처럼 늘 똑같은 패턴으로 지겨움과 답답함을 느낀다면 '가슴 뛰
는 행동'을 하길 바란다.

어느 해 여름, 나는 열 가지 행동 리스트를 작성했다. 이들은 이전부
터 내가 쭉 하고 싶었던 '가슴 뛰는 행동'이었다.

당시 나는 새로운 경험을 통해 세계관을 넓히고 싶었기 때문에 그

열 가지 행동은 모두 처음 도전하는 것들이었다. 나는 이 열 가지 리스
트를 한 달 안에 모두 끝낼 거라고 SNS에 선언했다.

　　1. 낚시를 한다.
　　2. 인생 처음으로 골프장에 간다.
　　3. 혼자 바에 가서 인생을 되돌아본다.
　　4. 가족과 바비큐파티를 한다.
　　5. 태극권을 배운다.
　　6. 재판을 방청한다.
　　7. 높은 산을 오른다.
　　8. 주택 전시관에 간다.

9. 가족과 해수욕장에 간다.

10. 수상바이크를 탄다.

막상 시도해보니, 2시간만 있으면 골프를 칠 수 있고, 집 근처에도 혼자 갈 만한 바가 있었다. 그리고 한 달 후에는 시속 45킬로미터의 수상바이크를 타고 에노시마의 아름다운 해안가를 달렸고, 저녁에는 후지산을 바라보면서 열 가지 리스트를 끝낸 성취감에 잠겼다. 물론 가족과 함께 해낼 수 있어서 그 성취감은 더욱더 컸다.

지금도 매달 이 가슴 뛰는 행동들을 하고 있지만, 그때마다 나는 "딱 호기심만큼 인생은 즐거워진다"고 실감한다.

호기심을 되살리면 일상이 즐거워지고, 감정습관도 좋아진다.

어린아이 같은 호기심을 가지면 세상은 즐거움과 재미로 넘쳐 나게 된다. 그 호기심을 없애는 것은 내 행동 패턴이고 사고 패턴이며 생활 패턴이다.

게다가 가슴 뛰는 행동을 하면 우연한 기회에 인생의 터닝포인트를 만나게 된다.

늘 정해진 패턴에서 한 발 나아가 새로운 세계를 밟아보자. 딱 호기심만큼 세상은 넓어지고, 인생의 선택지도 늘어날 것이다. 새로운 인생은 거기서부터 전개된다.

신념에 따라 세상은 달라진다

"할 수 있다고 생각하면 정말 할 수 있게 되고, 할 수 없다고 생각하면 정말 할 수 없게 된다."

이렇게 말하면 단순한 정신론으로 들릴 테지만, 이것은 신념(무의식 중에 옳다고 믿는 생각)의 차이다.

감정습관을 크게 좌우하는 것은 신념이다. 신념은 유아기 때 부모나 주변환경에 의해 만들어진다. 그리고 이것은 사고습관보다 자각이 없고, 마음 심층부에 잠자고 있는 프로그램이다.

"나는 할 수 있다"고 믿는 사람은 생각을 행동으로 옮길 수 있고, 그에 따른 결과도 얻을 수 있다. 그렇기 때문에 '할 수 있다'는 생각은 점점 커지게 된다.

반대로 "나는 할 수 없다"고 믿는 사람은 행동을 하지 않기 때문에 결과도 맺지 못한다. 그래서 결국 '할 수 없다'는 신념은 더욱더 커지게 된다.

부정적인 신념은 내가 힘든 상황에 처했을 때 내 의욕을 떨어트리고 목표를 포기하게 만든다. "나는 사랑받고 있지 않다", "나는 나약하다", "완벽하지 않으면 의미가 없다", "사람들에게 미움받지 않아야 한다", "다른 사람은 믿어서는 안 된다", "실패하면 안 된다" 등이다. 행동

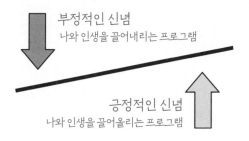

부정적인 신념
나와 인생을 끌어내리는 프로그램

긍정적인 신념
나와 인생을 끌어올리는 프로그램

을 막는 것, 하고 싶은 것이 있어도 못 하게 막는 것 뒤에는 이 부정적인 신념이 숨어 있다.

한편 긍정적인 신념은 자신의 바람이나 목표를 손에 넣을 수 있게 의욕을 불어넣어 주고, 행동을 강력하게 응원해준다. 이를테면 "나는 할 수 있다", "나는 운이 좋다", "행동하면 반드시 길이 열린다", "세상은 스스로 돕는 자를 응원한다" 등이다. 이런 신념이 있으면 행동할 수 있게 되고, 그 결과 성과나 행운을 이끄는 선순환에 들어가게 된다.

세상을 부정적인 신념으로 볼 것인지, 긍정적인 신념으로 볼 것인지로 우리의 감정은 크게 바뀐다.

다음 49~54번에서는 감정을 부정적으로 만드는 신념과 그 해결방법, 그리고 감정을 긍정적으로 만드는 신념과 그것을 발견하는 방법을 알려준다.

신념이 감정에 어떤 영향을 미치고, 어떤 사고 패턴과 행동 패턴을 낳는지 그 과정을 탐구하면서 읽어보길 바란다.

있는 그대로의 나를 받아들이자

49

'틀린' 것이 아니라 '다른' 것이다.
부정하고 있는 나를 하나씩 받아들이자.

나는 줄곧 외향적인 사람을 부러워했다.

어렸을 때는 집에서 혼자 퍼즐 맞추기를 좋아했고, 그런 나를 보고 부모님은 밖에 나가서 친구들이랑 놀라는 말을 자주 하셨다. 해가 질 때까지 축구를 하며 노는 친구들을 보면서 나는 매우 의기소침해졌다.

어른이 되어서도 등산이나 캠핑 등 야외활동을 하는 사람, 각종 모임을 만들어 주변 사람들과 어울리는 사람을 보면서 "나도 저 사람처럼 되고 싶다"는 생각에 이것저것 시도해봤지만, 이내 지쳐서 오래 하지 못했다.

내성적인 나는 강의를 할 때도 긴장을 많이 한다. 그러나 내 강사 친구는 100% 외향적인 사람으로, 24시간 사람들과 얘기해도 피곤하지 않다고 말한다.

나는 사람들과 잘 어울리는 그 친구를 시기한 적도 있었다. 그러나 내가 첫 책을 출간했을 때 그 친구는 이렇게 말했다.

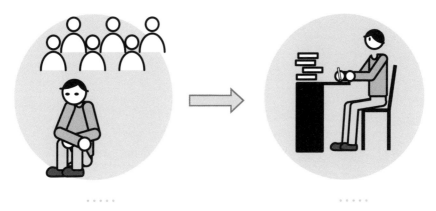

내성적인 성격으로 많은 사람들과
어울리지 못하는 나.

사람들과 만나지 않고 책을 집필
할 수 있다는 장점으로!

"이렇게 많은 분량을 정말 혼자 다 썼단 말이야? 나는 사람들과 만나지 않고 한 시간만 집필해도 머리가 돌아버릴 거야."

나는 그의 말을 계기로 내성적인 성격도 하나의 장점이라는 것을 알게 됐다. 확실히 집필이라는 것은 몇 주 동안 사람들과 만나지 않고, 묵묵히 생각하고 그것을 언어화해 가는 고독한 작업이다. 그러나 그것은 나에게 있어서는 힘든 작업이 아니라 즐거운 시간이다.

덕분에 나는 내성적인 성격은 '잘못'이 아니라 외향적인 성격과 '다른 것'뿐이라는 사실을 알게 됐고, 내 안에 있는 내성적인 성격을 사랑하게 됐다.

이렇게 자신의 성격을 부정하지 않고 수용하면 자기긍정도는 높아지고 마음은 안정된다.

마찬가지로 싫증을 잘 내거나 성질이 급한 측면도 받아들이면 자신을 다방면으로 파악할 수 있고, 다른 사람의 시선과 실패로 움츠렸던 마음도 풀어진다.

이것은 일시적인 성공경험으로 자기긍정도를 높이는 것과는 차원이 다른 이야기다. 있는 그대로의 나를 받아들이면 자기평가는 안정된다.

있는 그대로의 나를 받아들인다는 것은 다른 사람과 비교해서 '틀린 점'을 찾는 것이 아니라 '다른 점'을 받아들이는 하나의 사고습관이다.

아일랜드의 소설가 오스카 와일드는 이렇게 말했다.

"나를 사랑하는 것, 그것은 평생에 걸친 로맨스다."

있는 그대로의 나를 받아들이는 것은 일시적인 과정이 아니라 평생에 걸친 과정이다.

나와 성격이 다른 사람과 비교하면서 나를 바꾸려고 억지 노력하는 것은 불행한 일이다.

내 성격을 받아들이고, 그런 나를 받아주는 사람과 함께 걸어가면 나다운 인생을 살아갈 수 있다.

조건 없이 사랑받고 있다는
사실을 깨닫자

50

신념이 무거운 '속박'이
될 때도 있다.

대기업에 다니는 B씨는 새벽 4시에 일어나 아이들 밥을 챙기고, 업무에 필요한 영어공부를 하기 위해 한 시간 일찍 출근한다.

아이들이 아직 어려서 단축근무를 하고 있지만, 다른 사람들에게 일을 맡기면 불안해하는 성격이라 많은 업무를 혼자 끌어안고 있다.

아직 끝나지 않은 업무를 일단락 짓고, 아이들을 하원시켜서 저녁을 먹이고 목욕을 시킨 후 재운다. 그리고 밤늦게 퇴근하는 남편의 저녁 술상을 차리느라 여념이 없다.

그녀는 아침부터 밤늦게까지 정말 노예처럼 일한다.

힘든 업무, 공부, 육아, 가사 모든 것을 도맡아 하는 그녀는 무리한 탓인지 1년에 네다섯 번은 몸 상태가 많이 나빠진다.

"가끔은 쉬는 것도 중요하다"는 말을 들어도 그런 것은 사치라고 대답하는 그녀는 완벽주의자다.

그녀의 근본적인 행동, 사고습관 배후에 있는 것은 신념이다.

B씨는 어렸을 적에 일이 바빠 가족을 돌보지 않는 아버지와 그런 아버지를 미워하는 엄마를 보고 자라왔다. 그래서 그녀는 엄마를 기쁘게 해주기 위해 집안일을 도와주고 숙제도 혼자 했다.

그리고 "너는 정말 착한 딸이야. 엄마는 네가 자랑스러워"라는 칭찬을 들은 경험에서 "집안일을 도와주면 엄마가 기뻐한다", "혼자 숙제하면 엄마한테 사랑받을 수 있다"는 신념이 생겼다.

어른이 다 된 B씨 안에는 아직도 "열심히 해서 엄마에게 칭찬받아야지"라고 생각하는 어린아이가 있고, 그렇기 때문에 조금이라도 쉬면 두려워지는 것이다.

우리는 누군가에게 사랑받길 바란다. 인간은 사랑받지 않으면 살아갈 수 없는 동물이기 때문이다.

그렇기 때문에 사람은 어렸을 때 '사랑받기 위한 신념'을 몇 가지 만든다. 그 사랑의 조건에는 '숙제를 열심히 한다', '고집 부리지 않는다', '친구들과 사이좋게 지낸다', '착한 아이가 된다' 등이 있다.

그러나 반대로 말하면 "그 조건을 채우지 못하면 미움받게 된다"는 신념도 생기게 된다.

이런 이유로 B씨는 "사랑받기 위해서는 힘들어도 참아야 한다"는 신념을 갖게 된 것이지만, 그것이 원인이 되어 마음의 긴장을 놓을 수 없게 되었다.

그녀가 엄마에게 이것을 말하자 "그랬니?"라며 크게 웃어넘겼다고 한다.

그때 B씨는 "그렇구나, 나는 노력하지 않아도 사랑받고 있었구나" 하고 깨달았다.

'사랑받지 못한다'는 공포가 마음속 깊이 있을 때는 '이미 사랑받고 있다'는 사실을 깨달으면 된다.

사람은 누구나 사랑받길 원하고, 사랑을 받으면 안심하게 된다.

있는 그대로의 나를 받아주는 사람은 누구일까?

조부모님을 떠올리는 사람도 많을 테지만, 부모님이나 학창시절의 친구일지도 모른다.

사회적 위치나 실적이 사랑의 조건이라고 생각한다면, 그것이 없었을 때의 나를 떠올려보자. 그러면 위치도, 명예도 사랑의 절대조건이 아니라는 것을 깨닫게 된다.

즉 그런 신념에서 해방되면 본질적 의욕에 의해 행동할 수 있게 된다. 그 본질적 의욕에 대해서는 뒤에서 소개하겠다.

타인의 평가에 휘둘리지 말자

51

타인의 평가가 아니라 내 방침을 따르면
마음은 흔들리지 않을 수 있다.

"내 가치를 느끼고 싶다!"

앞에서 말한 '사랑받고 싶다'와 마찬가지로, 자신의 '가치 확인'도 본능적인 감정이다. 사람은 언제 어디서나 자신의 가치를 느끼고 싶어 한다.

그러면 무엇을 해야 가치를 느낄 수 있을까?

일류대학에 들어가면? 대기업에 들어가면? 회사에서 성과를 내면? 출세하면? 연봉이 오르면? 고객에게 칭찬받으면?

물론 이것들에 의해서도 자신의 가치를 느낄 수 있다.

그러나 결과나 타인의 평가로 자기긍정도가 좌우되는 것은 바람직하지 못하다.

물론 타인의 평가를 완전히 무시할 수는 없지만, 다른 사람의 평가로 자기긍정도의 기초를 쌓으면 역시 힘들어진다.

왜냐하면 결과나 타인의 평가는 시시각각 바뀌기 때문이다.

그래서 결과나 타인의 평가로 자신의 가치를 만들면, 그 평가가 사라지자마자 자기긍정도는 급강하하고 만다.

나의 경우로 말하자면, 영업사원이었던 시절에는 판매경쟁에서 몇 위가 되는지, 창업 후 강사가 된 후에는 고객점수에서 몇 점을 받는지로 내 가치가 흔들렸다.

하지만 영업 성적은 회사에서 무작위로 나눠주는 담당고객에 의해 크게 좌우된다. 즉 회사의 손가락 하나로 내 가치가 바뀌어버리는 것이다.

강의에서는 수강생의 진심 어린 발전을 위해서라면 내 평가가 나빠져도 뼈아픈 말을 해야 한다. 회사의 개선을 위해서는 그다지 좋아하지 않는 주제로도 강의를 해야만 할 때가 있다.

그러나 강의 평가점수에 따라 내 가치가 움직인다면 꼭 필요하고 본질적인 말은 할 수 없게 된다.

그러면 타인의 평가에 휘둘리지 않고 내 가치를 알기 위해서는 어떻게 해야 할까?

첫 번째는 "나는 존재 자체가 가치다"라고 생각하는 것이다.

작가 존 킴은 "오늘까지 살았다. 그것만으로도 당신은 칭찬받을 가치가 있다"고 말했다. 가치를 인정한다는 것은, 타협할 것도 없이, 매우 소중한 나를 받아들이는 것이다.

"회사가 인정해주지 않으면 내 가치는 사라지는 걸까?" 하고 자신에게 물어보자.

자신의 가치는 누가 만들어주는 것이 아니라 이미 완성된 것이다.

그때그때 바뀌는 타인의 평가나 성과로 좌우되는 것이 아니다.

삶의 방침이나 사명감을 따르면 자기긍정도는 올라간다.

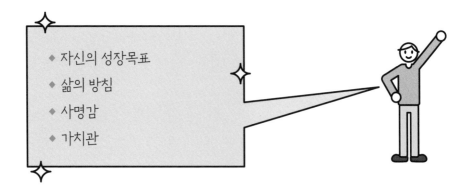

- ◆ 자신의 성장목표
- ◆ 삶의 방침
- ◆ 사명감
- ◆ 가치관

　두 번째는 타인의 평가나 결과로 자기긍정도의 기초를 쌓는 것이 아니라, 나만의 축으로 자기긍정도의 기초를 쌓는 것이다.

　나만의 축이란 자신의 목표, 가치관, 삶의 방침, 사명감 등 내가 컨트롤할 수 있는 것을 말한다.

　자신감은 자신의 가치를 평가하는 평가 축이 된다.

　사람은 자신도 알고 있는 단점을 누군가에게 지적받았을 때 가장 큰 괴로움을 느끼고, 자기긍정도도 순식간에 내려간다.

　타인의 평가를 너무 많이 신경 쓰면 단 한 사람에게만 미움받아도 자기평가는 크게 떨어지고 만다. 그럴 때는 자신의 가치를 인정해주고, 나만의 평가 축으로 생각하는 것이 중요하다.

정체기도 받아들이자

52

성장세를 보이지 않으면
불안해지는 마음을 버리자.

"아무것도 피지 않는 추운 겨울날에는 아래로 아래로 뿌리를 내려야 이윽고 커다란 꽃을 피울 수 있다."

이것은 시드니 올림픽에서 마라톤 금메달을 딴 다카하시 나오코의 좌우명이다.

새로운 도전은 아무리 노력해도 결과가 나오지 않을 때가 있다. 그럴 때는 "누구에게나 일시적으로 결과가 나오지 않거나 인정받지 못할 시기는 있다"고 받아들이는 것이 좋다. 그러면 마음이 편안해져서 계속 도전할 수 있게 된다.

2016년 우리 회사의 매출은 최고조를 맞았다. 그러나 동시에 너무 바쁜 나머지 일을 즐길 여유가 사라졌고, 행복도도 내려갔다.

'성장하고 있다', '매출이 올라갔다', '인정받았다'는 것은 즐거운 감각이지만, 그것이 점점 가속화되면 역으로 자신의 숨통을 조이게 된다.

'역대 최고치'라는 말은 기분 좋게 들리지만, 그것은 계속 성장해야

한다는 비즈니스게임이다. 실제로 그 게임에 빠져서 도중에 그만두지 못하고 괴로워하는 경영자도 많이 있다.

나는 비즈니스게임에서 벗어나기로 결심했다. "이번 연도는 매출을 줄이자. 적자가 돼도 좋다!"고 각오하고, "매출이 줄어도, 일하는 기쁨을 늘리자"고 결심했다. 사업 비전과 맞지 않는 의뢰는 거절하고 내가 하지 않아도 되는 일은 그만뒀다. 그러자 일의 40%가 줄어들었고, 그만큼 여유가 생겼다.

나는 그 여유를 공부에 투자하고, 지금 당장은 돈이 되지 않지만 투자가치가 높은 기획에 집중하기로 했다. 솔직히 말하면, 일을 거절할 때마다 나는 거래처를 잃을지도 모른다는 공포와 금전적인 불안감에 휩싸였다.

그런 감정이 솟구칠 때마다 나는 스스로에게 이렇게 말했다.

"일시적으로 매출이 줄어들 때도 있고, 일이 안 들어올 때도 있다. 그것은 그런 대로 놓아두자. 버리면 결과적으로 늘어나게 된다."

실제로 '버리는 공포'를 극복하자 나는 정신적으로 성장할 수 있었다. 또한 '버리면 새로운 것이 들어온다'는 법칙대로, 내 비전과 맞는 일이 서서히 들어오게 됐다.

즉 성장세가 보이지 않아 마음이 불안하고 괴롭다면 노력에 포커스를 맞추자. 그리고 "누구에게나 일시적으로 결과가 나오지 않거나 인정받지 못할 시기는 있다"고 자신에게 말해보자.

다만 이것은 타성에 이끌려 나태함과 타협하는 것이 아니라, 빛이 보이지 않는 어두운 터널을 묵묵히 걸어가기 위한 하나의 신념이다.

이 점을 강조하고 싶다.

과거의 성공경험으로
강력한 신념을 만들자

53

자신이 믿을 수 있는 이전의 성공법칙을
되살려 신념으로 새기자.

신념에는 긍정적인 신념뿐만 아니라 부정적인 신념도 있다.

내 감정을 끌어올리는 긍정적인 신념을 작동시키면 플러스 감정이
폭발해 거침없이 행동할 수 있게 된다.

이를테면 〈29. 결과는 행동량과 확률로 생각하자〉에서 이야기한 대
로, 인생의 성공은 확률론이라고 나는 생각한다.

즉 나에게는 "행동하면 길이 열린다"는 신념이 있고, 그 신념대로
행동해 결과를 낸 경험도 많이 있다. 이 경험들로 인해 내 신념은 더욱
더 강해졌고, 감정도 더욱더 파워풀해졌다.

"행동량을 늘리면 일정의 확률로 성과가 나온다"고 믿는 나에게 있
어서 행동은 어려운 것이 아니다.

밖에 나가면 뜻하지 않은 행운을 만난다.

후보 타자도 열 번 타석에 서면 한 번은 공을 친다.

길이 보이지 않을 때는 즉시 행동해야 한다.

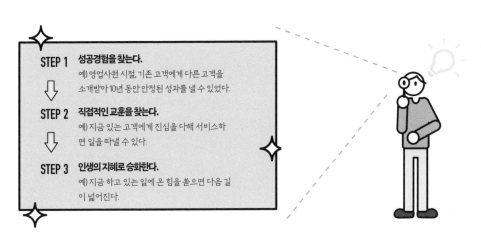

STEP 1 **성공경험을 찾는다.**
예) 영업사원 시절, 기존 고객에게 다른 고객을
소개받아 10년 동안 안정된 성과를 낼 수 있었다.

STEP 2 **직접적인 교훈을 찾는다.**
예) 지금 있는 고객에게 진심을 다해 서비스하
면 일을 따낼 수 있다.

STEP 3 **인생의 지혜로 승화한다.**
예) 지금 하고 있는 일에 온 힘을 쏟으면 다음 길
이 넓어진다.

이것이 나의 신념이고, 승리를 낳는 패턴이고, 선순환을 만들어내는 원천이다.

그러나 당연히 긍정적인 신념은 그 사람의 과거 경험에 의해 달라진다.

이를테면 인연을 통해 인생이 바뀌고 부자가 된 사람은 그 변곡점을 '행동'이 아닌 '인연'으로 생각할 것이다. 또한 작전을 잘 세워 좋은 결과를 얻은 적이 있는 사람은 '전략'을 세우는 것에 집중할 것이다.

반복된 성공경험은 그 사람의 승리 패턴이 된다. 승리 패턴이야말로 긍정적인 신념이다.

그럼, 나의 승리 패턴은 무엇일까?

그것을 성공경험에서 찾고, 자신의 이상실현과 문제해결에 잘 활용해보자.

위 그림의 3스텝을 바탕으로 경험을 구체적으로 떠올리면 자신의 파워풀한 신념을 언어화할 수 있을 것이다. 이 신념이 발동되면 감정은 높아지고 적극적으로 변한다.

그림의 예라면, 지금 하고 있는 것과 주변 사람에게 온 힘을 쏟는 것이 신념이 될 것이다.

그리고 떠올린 신념을 자신의 목표달성과 문제해결에 적용하면 '나를 깨우는' 해결책이 보일 것이다.

좌우명을 만들어 마음 깊이 새기자

54

위인의 명언을 좌우명으로 삼고
내 신념이 될 때까지 되새기자.

긍정적인 신념을 만들기 위해서는 위인의 명언을 활용하는 것도 하나의 방법이다.

이를테면 힘들 때마다 위인의 명언을 떠올리면 그 말은 내 좌우명이 되고 곧 신념이 된다. 좌우명은 긍정적인 감정을 낳고, 한 발 더 내디딜 용기를 준다.

참고로 내 좌우명을 소개하겠다.

"실패는 없다. 다만 피드백만 있을 뿐이다." ─NLP

신규사업은 실패가 따르기 마련이다. 사람들은 시행착오라고 쉽게 말하지만, 적자가 지속되면 힘들어질 수밖에 없다. 나는 사업이 실패했을 때 이 말을 떠올렸다. 실패라고 생각하면 희망이 보이지 않지만, 피드백이라고 생각하면 상황을 객관적으로 볼 수 있다.

"내 마음과 직감은 내가 어떻게 살고 싶은지 잘 알고 있다."

— 스티브 잡스

아무리 성실하게 일해도 어떻게 살고 싶은지, 어떤 사업을 할지, 어떤 공헌을 할지 무수한 선택지가 있어 고민될 때가 있다. 그럴 때 사람은 밖에서 대답을 찾으려 하지만, 이 말을 떠올리면 내면과의 대화가 부족했다는 사실을 깨달을 수 있다.

"인생은 무거운 짐을 짊어지면 먼 길을 갈 수도, 빨리 갈 수도 없게 된다."

— 도쿠가와 이에야스

1년 후, 3년 후, 5년 후에 무엇이 되고 싶은지 그것만 생각하면 시야가 좁아진다. 눈앞의 이익과 결과에 사로잡힐 때는 이 말을 떠올려보자. 지금은 100세 시대다. 10년 후, 30년 후, 50년 후에 무엇이 되고 싶은지 시야를 넓게 가져보자.

"태어났을 때보다 더 좋은 세상을 두고 떠나자."

— 프랭클린 코비

무엇을 위해 일하는가? 누구에게 어떤 영향을 미칠 것인가? 책을 몇 권 내면 좋을까?
인생에서 이루고 싶은 것과 자신의 존재의식은 수치로 파악할 수 없다. 수치로만 답을 내려고 했던 내 생각을 바꿔준 것이 이 말이다. 나는 많은 사람들이 자신다운 삶을 살길 응원한다. 그 응원은 내가 강의에서 할 수 있는 가장 큰 공헌이다. 프랭클린 코비의 명언은 내 공헌의 축을 만들어준 말이다.

나는 좌우명이 생기면 명필가에게 멋지게 써달라고 부탁한다. 그리고 그 글을 액자에 넣어 사무실에 걸어놓고 시간 날 때마다 보면서 마음에 새긴다. 벽에 부딪힐 때마다 가슴을 울리는 명언을 떠올리면 긍정적인 신념은 발전해갈 것이다.

나의 본질은 무엇일까

"내가 하고 싶은 것은 무엇일까?"

"나의 장점은 무엇일까?"

"인생을 어떻게 살고 싶은가?"

"나에게 있어서 행복이란 무엇일까?"

누구나 이런 고민을 할 때가 있다. 사람의 감정을 강하게 흔드는 것은 그 사람이 가진 자질과 욕구라는 본질이다. 일상의 행동도, 사고도 이 본질에 영향을 받는다.

"좋아하는 일은 잘하기 마련이다"라는 말이 있듯이, 본질에 맞는 일은 꾸준히 할 수 있다.

이렇듯 하고 싶은 것을 찾기 위해서는 마음의 나침반을 잘 따라가는 것이 중요하다. 이야기가 조금 길어졌지만, 알기 쉬운 예를 소개하겠다.

내 클라이언트 G씨는 초등학교 담임선생님이었다. 당시 학교와 집을 오가는 생활에 답답함을 느끼고, "일에 보람이 없다. 현재상태에서 벗어나고 싶다"며 내 개인컨설팅에 참석했다.

나는 우선 과거의 경험을 되돌아보고, 자기욕구를 탐구해보라고 말했다.

첫 번째로 발견한 것이 '표현'이라는 욕구였다. 어떤 활동으로 표현하고 싶은지 내가 묻자 그는 재즈를 노래하고 싶다고 말했다. 그래서 바로 인터넷으로 검색했더니 집 근처 5분 거리에 재즈 모임이 있었다. G씨는 재즈 모임에 들어가 밴드를 결성했고, 아마추어로 라이브 공연을 하는 등 재즈 음악활동에 푹 빠져들었다.

그러나 여전히 학교 선생님 일은 재미없었다. 학교를 그만두고 음악만 하고 싶었지만, 부모님의 반대도 있어서 역시 학교는 계속 다녀야만 했다. 그때 밴드활동을 계기로 인생의 멘토가 된 음악 관계자에게 "학교는 계속 다니는 게 좋아. 담임을 그만두고 음악 선생이 되는 건 어때?"라는 조언을 들었다.

그 조언대로 G씨는 음악 선생님이 됐다. 그리고 실제로 학생들을 지도하자 '음악을 통해 서서히 자신의 본모습을 되찾는 학생'이 나오기 시작했다. G씨는 이것이야말로 자신이 진짜 하고 싶었던 일이라고 강렬하게 느꼈다. "나는 음악을 통해 사람을 건강하게 만들고 있다"는 자신감 또한 생겼다. 자신의 욕구가 채워지고 타인에게 공헌할 수 있게 되자 "음악을 통해 많은 사람들에게 좋은 영향을 주자"는 미션이 보였다.

G씨는 지금 해외에서 라이브 공연을 하면서 음악 선생님으로서 학생들을 지도하고 있다. 그는 이 일에 강한 보람과 사명감을 느낀다고 했다. 이렇게 자신의 욕구를 채운 G씨는 매우 생기 넘치고, 주변 사람들에게도 감사받는 존재가 됐다.

우리에게는 타고난 욕구와 자질과 사명이 있다. 이 장에서는 이것들을 총칭해 '본질'이라고 부르겠다.

"세 살 버릇 여든까지 간다"는 말이 있듯이, 본질은 대부분 바뀌지 않는다. 오히려 억지로 바꾸려고 하는 것보다 그것을 받아들이고 활용하는 것이 중요하다. 왜냐하면 자신의 본질과 맞는 것을 하면 폭발적인 힘이 발휘되고, 빛나는 인생을 얻을 수 있기 때문이다.

반대로 본질을 거스르는 것은 거북이가 토끼를 따라잡으려고 노력하는 것과 같다. 그렇기 때문에 헛수고로 그치고 만다.

긍정심리학의 권위자인 숀 어쿼는 자신의 저서에서 다음과 같이 말했다.

"일반적으로 사람들은 성공하면 행복해진다고 생각하지만, 실제 연구에서는 그 반대의 결과가 나왔다. 즉 행복을 추구해야 성공할 가능성이 커진다."

숀 어쿼가 말한 '행복'을 '좋아함, 열정'으로 바꾸면 "좋아하는 일을 하면 성공할 가능성이 커진다"가 된다. 이제 완전히 이해할 수 있을 것이다.

내 클라이언트 G씨만 보더라도, 꾸준히 성공하는 사람은 자신의 본질(감정, 영혼, 사명)이 원하는 것을 하고 있다고 단언할 수 있다.

그러나 이 장에서 다루는 '본질'만큼 난해하고 정의가 어려운 것도 없다. 따라서 내가 미지의 영역을 남겨두고 설명하는 것을 용서해주길 바란다. 다만, 그런데도 불구하고 구태여 '본질'이라고 말하는 데는 그만한 의미가 있다. 우리는 자신 안에 잠자고 있는 위대한 자질과 장점은 보지 않고 밖에서만 정답을 찾으려고 한다. 또한 자신의 본질과 맞지 않는 방향으로 노력하고, 결과를 맺지 못하면 자기혐오에 빠지기도 한다.

자신의 욕구와 사명을 찾으면 의욕은 아주 쉽게 솟아난다. 그것은 지치지 않는 의욕이다. 이 지치지 않는 의욕의 원천은 사람마다 다르다.

자신의 본질을 이해하면 나다움과 행복 포인트를 찾을 수 있다. 그리고 그것을 풀어가기 위해서는 에니어그램과 자기욕구와 타인인정욕구 그리고 자기초월욕구라는 영역까지 이야기를 넓혀가야 한다.

본질을 추구하면 G씨처럼 천직을 만날 수도 있다.

바다도 해수면과 심해의 모습이 다른 것처럼, 감정도 표층과 심층은 전혀 다르다.

책이라는 특성상 부분적으로밖에 설명할 수 없지만, 나는 가능한 한 많은 것을 설명해주려고 노력했다.

이 장이 나다운 인생, 삶의 방식, 일하는 방식, 그리고 습관화의 방법까지 그 모든 것을 탐구하는 힌트가 되면 좋겠다.

'해야 할 것'과
'하고 싶은 것'을 구별하자

55

내 속마음을 모를 때는
'머리'와 '가슴'에 물어보자.

어느 화학기업 영업부에 다니는 남성이 나를 찾아와 '이대로 이 회사에 다녀도 좋을지' 상담한 적이 있다.

그래서 내가 "지금 이 회사를 계속 다녀야 한다고 생각합니까?"라고 묻자 그는 어두운 표정으로 "예스"라고 대답했다. 금전 문제, 가족의 반대, 과장으로서의 책임 등 회사를 그만두지 못하는 이유는 아주 많았다.

나는 또다시 "지금의 일을 계속하고 싶습니까?"라고 물었다. '~하고 싶다'라는 단어를 사용하면 반드시 본심의 목소리가 나오기 때문이다. 그리고 대답은 "노"였다. 문제만 없다면 '회사를 그만두고 싶다'고 대답했다.

그럼 지금 하고 있는 일을 그만두고 무엇을 하고 싶은지 묻자 그는 카운슬러가 되고 싶다고 대답했다. 그 계기는 등교거부를 하거나 따돌림을 당하는 학생을 본 후라고 했다. 그는 그때부터 내면을 치유하

책임

는 카운슬러에 흥미를 갖게 됐다.

이 남성은 '어떻게 하면 좋을지' 모를 때, 머리(이성)를 우선시하며 본심을 받아들이지 않았다. 하지만 '본심은 일을 그만두고 싶지만, 현실을 생각하면 일을 계속해야 한다'는 것을 받아들이자 다음 단계가 보이기 시작했다.

그는 이렇게 결정했다.

"회사를 그만두고 카운슬러가 되자. 하지만 아이들이 대학을 졸업할 때까지, 즉 7년 동안은 회사를 계속 다니면서 안정적인 수입을 갖자."

이렇게 결심하고 앞으로 7년 후에 카운슬러가 되려면 어떤 공부를 해야 하는지, 어떤 활동을 해야 하는지 생각했다. 그러자 지금부터 배워야 할 것이 눈에 들어왔고, 주말에 카운슬링 활동을 할 수 있는 곳을 알게 됐다.

나는 그저 '해야만 하는 것'과 '하고 싶은 것'을 구별해서 질문한 것밖에 없다. 그 질문을 계기로 그가 스스로 자신의 감정을 나눴고, 그러자 고민은 눈 녹듯 녹아 다음 질문으로 넘어간 것이다.

스티브 잡스가 말했듯이 우리의 마음과 직감은 내가 무엇을 원하는지 잘 알고 있다.

"그것은 하고 싶은 것인가, 해야만 하는 것인가?" "그게 내 마음을 깨울 수 있을까?" 하고 마음에게 물어보면 그 대답이 보일 것이다.

이 남성은 카운슬링을 할 때 표정에도, 목소리에도 힘이 넘친다.

우리도 '해야 할 것'과 '하고 싶은 것'이라는 말을 사용해 감정을 나눠보자.

내 성격을 알자

56

에니어그램을 사용해
내 '감정 메커니즘'을 알아보자.

나는 습관화 컨설팅을 할 때 고객의 본질을 파헤치고 그 본질을 활용하는 것을 중요하게 생각한다. 이를테면 성취감이 힘이 되는 사람과 의리인정이 힘이 되는 사람은 습관화의 방법도 크게 달라진다.

그렇기 때문에 나는 본질을 파악하는 방법으로 에니어그램을 사용한다.

에니어그램은 인간의 성격을 아홉 가지로 분류하는 지표지만, 그 내용은 깊고 실용적이고 알기 쉽다. 내 성격을 알면 내 감정 메커니즘을 파악하기 쉬워진다.

나는 다음 아홉 가지 욕구 중에 어떤 것을 가장 강하게 느낄까?

이것은 각 성격의 기본적 욕구를 명확하게 해놓은 것이다.

1. 완벽을 추구하고 싶다.
2. 사람과 유대관계를 느끼고 싶다.
3. 목표를 달성하고 싶다.
4. 오리지널리티를 발휘하고 싶다.
5. 이해가 될 때까지 깊이 생각하고 싶다.

TYPE 1 완벽을 추구하는 사람

책임감이 강하고, 정확하고, 성실하다. 높은 이상과 기준을 가지고 있고 '~해야만 한다고 생각한다. 항상 올바르고, 이상과 현실을 좁히기 위해 열심히 움직인다. 이성적이고 현실적이다. 정의감이 있고, 공평하다.

TYPE 2 배려 깊은 사람

상냥하고 친절하다. 인생에서 가장 중요한 것은 인간관계와 배려라고 생각한다. 자신보다 상대방을 더 많이 걱정하고, 필요한 것을 제공하고, 용기를 준다. 상대방의 기쁨을 자신의 기쁨이라고 생각한다.

TYPE 3 목표달성을 추구하는 사람

자신감이 있고, 합리적인 사고방식을 가졌다. 열정적이고 '할 수 있다'는 태도를 가지고 있다. 목표를 향해 열심히 움직이고, 좋은 인상과 좋은 평가를 받길 바란다. 차가운 반면에 상처받기 쉬운 섬세한 점도 있다.

TYPE 4 개성을 추구하는 사람

섬세하고 감성적이다. 아름다움을 추구한다. 자신은 남과 다르고 특별한 존재라고 생각한다. 사람과 거리를 두고 혼자 있고 싶어 하지만, 눈에 띄는 존재다. 자신의 내면으로 스토리와 드라마를 만들어내는 경향이 있다.

TYPE 5 관찰하는 사람

전형적인 사고 타입으로 이성적이다. 한 가지 일에 집중해 지식과 기술을 터득하고, 새로운 분야를 개척한다. 일에 과중하게 몰두하는 것보다 한발 떨어져서 관찰하기를 좋아하고, 분석을 잘한다. 참신한 발상을 한다. 스스로 생각하고 결과를 이끌어내는 것을 좋아한다.

TYPE 6 신뢰를 추구하는 사람

성실하고, 안전을 지향한다. 문제되는 것에 민감하다. 신뢰를 중시하고 추구한다. 의심을 잘한다. 주변 사람의 기대에 부응하려는 마음이 크다.

6. 안전감과 안심감을 느끼고 싶다.

7. 항상 즐겁고 싶다.

8. 나의 강한 점을 느끼고 싶다.

9. 마이페이스로 있고 싶다.

여기서 중요한 점은 인간의 본질을 9개로 한정해서 정의했다는 것이 아니다. 만약 그렇다면 시야가 좁아지고, 에니어그램의 장점도 사라지게 된다. 그런 것이 아니라 에니어그램은 마음이라는 넓고 깊은 세계를 이해하는 하나의 관찰시점으로, 나의 본질을 파악하는 최고의 방법이라는 것이다.

따라서 여기에서는 진단 테스트를 하지 않겠다. 어설프게 정답을

TYPE 7 열정적인 사람

밝고 친절하다. 모험심이 강하고, 즐거움을 찾아낼 줄 안다. 아이디어가 넘쳐나고, 추진력이 있다. 낙관적이고, 자유를 좋아하고, 적응력이 뛰어나다. 재주가 많은 반면에 침착하게 집중하는 경향이 있다.

TYPE 8 도전하는 사람

파워풀하고 배짱이 두둑하다. 자신감이 넘치고, 존재감이 있다. 의지가 강하고, 바른말을 한다. 정이 많고, 남을 잘 돌봐준다. 주변을 컨트롤하는 경향이 있다. 자신의 약점을 싫어하고, 터프하다.

TYPE 9 평화를 좋아하는 사람

온화하고 여유롭다. 평화를 중시하고, 주변 사람들과도 평화롭게 지낸다. 인생은 무엇인지 생각하고, 모든 일을 현실보다 좋게 평가하는 경향이 있다. 익숙하고 편한 것을 중시한다.

에니어그램으로
알아보는
아홉 가지 성격

찾는 것이 아니라, 내 안에 작동하는 감정과 욕구 패턴을 아는 것이 목적이기 때문이다. 정답을 추구하면 혼돈에 빠지게 된다.

나의 감정과 욕구를 알면 나를 깨우는 패턴과 메커니즘을 알 수 있다. 본질은 생각하는 것이 아니라 느끼는 것이다. 따라서 느끼면 나의 내면을 확인할 수 있다.

사람은 이 9개의 요소 중 하나가 아닌 여러 개를 느끼는 것이 보통이다. 다만 그 안에서도 특히 강하게 작용하는 것은 무엇인지, 내 감정 패턴을 깨우고 행동까지 좌우하는 것은 무엇인지 탐구해보자.

내 감정을 깨우는 욕구를 알면 내 마음을 깨우는 방법과 의욕을 높이는 방법도 알 수 있게 된다.

몰두할 수 있는 것을 소중히 여기자

57

어렸을 때의 경험을 살려서
'자기욕구'를 발견하자.

시간 가는 줄 모르고 집중하는 것, 고양감을 느끼며 몰두하는 것의 근본에는 '자기욕구'가 숨어 있다.

"내가 뭘 좋아하는지 모르겠다"는 사람은 자신의 욕구를 발견하지 못한 채 매일 해야만 하는 일에 쫓기며 사는 경우가 많다.

자기욕구를 발견하기 위해서는 어렸을 때 좋아했던 것을 떠올려보는 것이 좋다. 어렸을 때 집중했던 것에 자신의 욕구가 숨어 있기 때문이다. 어렸을 때는 다른 사람의 눈을 의식하지 않고 자신의 욕구를 전면에 내세워 행동하는 경우가 많다.

성공데이터연구소를 운영하는 다카다 신이치는 동서고금의 성공철학 책 천 권을 읽고, 거기에 나온 성공철학을 통계분석한 후 빈도수가 많은 순서대로 나열한 책을 출간했다.

천 권의 책을 읽어도 딱히 누가 칭찬해주는 것도 아니었고, 이렇다 할 출간 목표가 있었던 것도 아니었다. 그러나 몇 년에 걸쳐 책을 읽고 통계분석을 한다는 것은 그에게 있어서 자기욕구에 불을 지피는 일이었다. 그리고 마침내 회사원이었던 다카다는 오랜 꿈이었던 성공데이터연구소를 차릴 수 있었다.

그런 다카다가 어린 시절 열중했던 것은 게임, 특히 〈노부나가의 야망〉이라는 역사 시뮬레이션 게임이었다. 각 나라 무장들의 전투력은 이미 가이드북에 나와 있지만, 그것만으로는 쉽게 질려서 독자적으로 데이터를 분석한 후 자신만의 가이드북을 만들 때가 가장 즐거웠다고 한다.

그럼 여기서 우리는 다카다가 지금 하고 있는 일과 어렸을 때 몰두했던 것이 비슷하다는 것을 알 수 있다. 즉 그는 자기욕구에 맞는 일을 하고 있는 것이다.

다카다는 '철저한 정보수집과 이해할 때까지 분석하는 것'에 몰두하는 경향이 있다. 이것으로 보면 그의 자기욕구 키워드는 '정보수집', '알다', '분석', '설명', '알기 쉽게 정리하기'다.

무언가 인정받을 때까지는 빛이 보이지 않는 노력이 필요하다.

방대한 책을 읽고 통계분석하는 그의 행동은 보통 사람 입장에서 보면 엄청난 고행의 작업이다. 그러나 다카다는 그것을 고행이라고 생각하지 않는다. 오히려 즐거움을 느끼며 작업한다. 왜냐하면 그는 결과가 아닌 작업 과정에 만족을 느끼기 때문이다.

이 자기욕구가 바로 지치지 않는 의욕의 원천이다.

자기욕구는 특별한 것이 아니다. 누구나 갖고 있는 것이다.

이것은 앞에서 말한 에니어그램처럼 범용화된 패턴이라기보다는 마음 심층부에 있는 본질이다. 따라서 자기욕구는 누구나 갖고 있으면서 사람마다 각기 다른 독자적인 것이라고 말할 수 있다.

열중했던 것을 바탕으로
아래의 리스트에서 자기욕구를 찾아보자.

자기욕구 리스트

☐ 모험한다   ☐ 정리한다

☐ 자극한다   ☐ 수집한다

☐ 창조한다   ☐ 공헌한다

☐ 상상한다   ☐ 베푼다

☐ 지도한다   ☐ 보살핀다

☐ 탐구한다   ☐ 안정을 바란다

☐ 영향을 준다   ☐ 관찰한다

☐ 노력한다   ☐ 설득한다

☐ 끝까지 밝혀낸다   ☐ 용기를 준다

☐ 디자인한다   ☐ 동기를 준다

우리 안에는 자기욕구가 숨어 있다. 이 욕구에 불을 지피면 시간 가는 줄 모르고 몰두하거나, 결과가 아닌 과정에서 고양감을 얻을 수 있다.

천직과 하고 싶은 것을 발견하고 싶다면 자기욕구를 아는 것이 우선이다.

자기욕구를 알면 엄청난 고행도 즐거움이 된다.

즉 자기욕구에 불이 붙으면 자연히 집중력이 올라가고, 무한한 의

□ 가르친다
□ 봉사한다
□ 아이디어를 낸다
□ 깨닫는다
□ 모르는 세계에 들어간다
□ 균형을 잡는다
□ 육성한다
□ 컨트롤한다
□ 전략을 세운다
□ 표현한다

욕이 생기고, 꾸준히 행동할 수 있고, 좋은 결과가 나와 인정받을 수 있게 된다.

어렸을 때 몰두했던 것을 10개 적어본 후 자기욕구 키워드와 결부해 체크해보자.

그리고 내 욕구를 채울 수 있는 일을 일상에서 찾아보자.

타인인정욕구도 받아들이자

58

다른 사람에게 어떤 말을 들으면
기분이 좋아질까?
'타인인정욕구'를 찾아보자.

자기욕구와 혼동되는 것이 '타인인정욕구'다.

이것은 다른 사람과의 관계에서 얻어지는 것으로 "존중받고 싶다", "칭찬받고 싶다", "인정받고 싶다"는 욕구다.

타인인정욕구는 다른 사람과의 관계 속(주로 상대방의 말과 반응)에서 채워지는 욕구이기 때문에 '관계성욕구'라고도 불린다.

타인인정욕구 또한 자연스러운 감정이다. 사람은 사회적 동물이기 때문이다. 사람은 가정, 학교, 회사, 지역사회 등 여러 집단에 소속되어 살아간다. 따라서 사람은 사회적 동물인 이상 타인인정욕구에서 완전히 자유로워질 수 없다.

우리는 어떤 타인인정욕구를 느낄까?

"인정받고 싶다", "칭찬받고 싶다", "필요한 사람이 되고 싶다" 등 원하는 욕구는 사람마다 다르다.

그리고 타인인정욕구는 식욕과 수면욕 등 생리욕구와 비슷해서 부

족해지면 지금 당장 채우려는 습성이 있다.

이렇게 채워지면 안심하고, 부족해지면 또다시 빨간불이 들어온다.

타인인정욕구는 이처럼 정기적으로 채워야 하는 욕구다. 그러나 타인인정욕구를 중심으로 행동하면 행동 자체는 재미없어진다.

왜냐하면 과정이 아닌, 다른 사람의 평가와 반응만을 기대하기 때문이다.

그렇다고 해도 타인인정욕구는 중요하다.

나도 강의에서 "많은 도움이 되었습니다"라는 말을 들으면 가슴이 뿌듯해지고 만족감이 높아진다.

하지만 나는 자기욕구가 원하는 일부터 시작하는 게 좋다고 생각한다. 왜냐하면 타인인정욕구를 축으로 생활하면, 상대방에게 고맙다는 말을 듣지 못했을 때는 몹시 지치게 되기 때문이다. 지치지 않는 의욕의 원천은 역시 자기욕구에 있다.

내 집필 의욕은 '영감을 떠올린다', '깨닫는다', '체계화한다', '언어화

기분 좋았던 말을 바탕으로
다음의 리스트에서 타인인정욕구를 찾아보자.

타인인정욕구 리스트

☐ 인정받고 싶다   ☐ 보호받고 싶다

☐ 칭찬받고 싶다   ☐ 사랑받고 싶다

☐ 인지되고 싶다   ☐ 위로받고 싶다

☐ 필요한 사람이 되고 싶다   ☐ 보살핌을 받고 싶다

☐ 예쁨받고 싶다   ☐ 존경받고 싶다

☐ 특별한 대우를 받고 싶다   ☐ 친한 사이를 인정받고 싶다

한다'라는 자기욕구에 의해서 태어난다. 또한 글을 쓰는 동안에는 고양감이 높아진다.

하지만 그 책이 출간되고 "알기 쉽게 설명되어 있다", "이 책이 인생을 바꿔줬다"는 말을 듣게 되면 대량의 타인인정욕구가 채워진다.

이처럼 자기욕구를 먼저 채운 후 타인인정욕구를 채워야 한다. 이 순서가 뒤바뀌면 결과나 반응이 나오지 않는 시간에는 의욕을 낼 수 없게 된다.

타인인정욕구는 항상 채우는 것이 아니라 정기적으로 채우는 것이다.

타인인정욕구는 생리욕구처럼 빈도에 집착한다.

□ 귀여움 받고 싶다
□ 감사받고 싶다
□ 소중한 사람이 되고 싶다
□ 기쁨과 슬픔을 나눠 받고 싶다
□ 진솔한 이야기를 들어주고 싶다
□ 도움 주고 싶다

나는 다른 사람에게 어떤 말을 들으면 기분이 좋아질까?

"고마워", "대단한데", "네가 있어 다행이야" 등 타인에게 원하는 욕구를 명확하게 그려내면 내 기분이 무엇에 의해 움직이는지 알 수 있다.

타인인정욕구를 명확하게 그려내 직장동료, 친구, 가족과의 관계를 건강하게 맺어가자.

내 사명을 발견하자

59

사명감을 가지면
무한한 의욕이 샘솟는다.

'매슬로의 욕구 5단계 이론'은 매우 유명해 많은 사람들이 알고 있지만, 그 위에 '자기초월욕구'가 있다는 것은 그다지 잘 알지 못한다.

자기초월욕구란 '다른 사람을 위해, 사회를 위해 공헌하고 싶다'는 욕구다. 이른바 사명감(미션)이라고도 할 수 있다.

사명감이라고 하면 뭔가 대단하게 들리겠지만, 절대 그렇지 않다.

하지만 나도 창업을 막 시작한 13년 전에는 전혀 사명감이 없었고, 오히려 공헌이라는 말에 위선을 느끼기도 했다.

지금 생각해보면 그럴 만한 이유가 있었다. 당시 나는 안전욕구와 사회적 욕구, 인정욕구가 채워지지 않았었다. 따라서 아무리 마음에 귀를 기울여도 자기초월욕구의 속삭임은 전혀 들리지 않았다.

사업이 어느 정도 궤도에 올라 회사 다니던 시절보다 돈을 많이 벌게 되고 자유시간이 늘어나자 "습관화를 통해 다른 사람의 인생을 바꿔주고 싶다"는 자기초월욕구를 느끼게 됐다.

남다른 채소 맛으로 사람들에게 호평을 받는 전설의 채소 농부는

내 사명감을 갖고 열심히 해보자!
자기초월욕구 MAX!

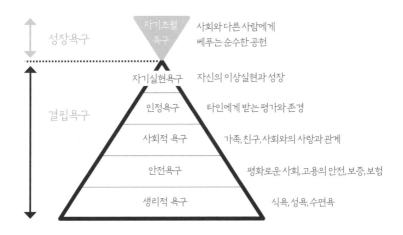

	자기초월 욕구	사회와 다른 사람에게 베푸는 순수한 공헌
성장욕구		
	자기실현욕구	자신의 이상실현과 성장
결핍욕구	인정욕구	타인에게 받는 평가와 존경
	사회적 욕구	가족, 친구, 사회와의 사랑과 관계
	안전욕구	평화로운 사회, 고용의 안전, 보증, 보험
	생리적 욕구	식욕, 성욕, 수면욕

"나는 사람들의 건강과 행복을 위해 채소를 기른다"고 말했다.

어느 아이디어 강사는 "아이들에게 스스로 생각하는 기쁨을 전해 주고 싶다"며 초등학교에서 수업을 하고 있다.

"가난한 나라의 사람들을 도와주고 싶다"며 은행원에서 자원봉사 자로 인생의 방향을 바꾼 사람도 있다.

사내강사를 육성하고 있는 내 친구의 사명감은 "조직 내에서 강사 라는 자리와 활약할 곳을 만들어주고 싶다"라는 것이다.

생각 자체는 특별하지 않지만, 그 뿌리에 있는 사명감은 독창적이 라고 할 수 있다. 사람은 자신의 사명감을 따르게 되어 있다.

"돈이 행복에 미치는 영향은 크지 않다. 어느 정도 부자가 되면 행 복도는 더 이상 오르지 않는다"는 연구결과가 있다.

부자가 되고 싶다는 마음은 일시적으로 의욕이 될 수 있지만, 어느 정도 돈을 벌고 나면 그 의욕은 사라지게 된다. 그때는 나를 깨우는 '한 단계 높은 의욕'이 필요하다.

이 한 단계 높은 의욕이란 자기초월욕구를 말한다.

인정욕구와 자기실현욕구가 채워지면 마지막으로 자기초월욕구에 도착하게 된다.

욕구에는 단계가 있다. 인생이 '자기초월욕구'에 들어서게 되면 의 욕은 무한하게 나온다. 그리고 자기초월욕구를 채워가는 시간은 매우 보람찬 시간이 된다.

환경
습관

Standstill

변하지 않는

나를

성장시키다

나를 깨울 환경을
의식적으로 선택하자

사자성어에 '근묵자흑(近墨者黑, 먹을 가까이하면 검어진다)'이라는 말이 있다. '사람은 주변환경에 따라 변할 수 있다'는 의미다.

나는 사업상 종합상사, 광고대행사, 대기업 등의 신입사원 교육과 1년 후의 추적교육을 의뢰받을 때가 많다. 거기서 만난 신입사원들은 1년이 지나면 사풍에 물들어 완전히 그 회사 사람이 되어 있다. 또한 직종마다 대화방식, 사고방식, 행동들이 달라진다. 풍기는 분위기도 입사했을 때와는 완전히 다르다.

매일 선배와 상사와 같이 일하고, 회식 때는 깊은 대화를 나누면서 '근묵자흑'이 된 것이다.

사람은 함께 있는 사람의 행동, 사고, 감정 습관에 영향을 받는다. 그리고 자신이 있는 환경도 습관이라고 말할 수 있다. 어떤 환경을 선택할지도 반복되는 패턴이기 때문이다.

이처럼 환경은 우리의 행동, 사고, 감정에 강한 영향을 준다. 반대로 말하면 어떤 환경을 선택하는지에 따라 나 그리고 인생을 바꿀 수 있다.

왜 우리는 생각처럼 쉽게 바뀌지 않는 걸까?

이유는 심층심리(무의식)에는 현재상태를 유지하려는 인력이 있기 때문이다.

무의식은 생존을 최우선으로 생각하기 때문에 '안전, 안심, 안정'을 추구한다. 그래서 새로운 변화를 저항하고, 현재상태를 유지하려 하는 것이다.

인간의 심리에는 '안전 영역(현재상태 영역)'과 '리스크 영역(변화 영역)'이 있다고 나는 생각한다.

안전 영역이란 무의식이 바라는 안전, 안심, 안정에 변화가 없는 세계다. 이를테면 "내 능력 범위 안에서 할 수 있는 일을 한다", "항상 같은 행동 패턴을 반복한다", "마음을 아는 친구와 지낸다" 등이다.

이 세계는 매우 쾌적하지만, 성장할 수 없고 지루함을 느끼게 된다.

반면 리스크 영역이란 미지의 세계다. "처음 해보는 일을 한다", "내 능력을 최대한 발휘해도 성공할지 실패할지 모르는 일에 도전한다" 등이다.

이 영역으로 나아가면 실패 리스크와 공포, 불안을 느끼게 된다. 마음은 상당히 불안하지만, 이 영역에는 변화와 성장이 있다.

꾸준히 성장하기 위해서는 현재상태를 유지하려는 인력을 뛰어넘고, 의지와 용기를 내서 '변화 영역'에 들어가야 한다.

'정체 메커니즘'을 '성장 메커니즘'으로 전환하기 위해서는 '변화 영역'에 들어가는 것이 최대의 열쇠가 된다.

여기서 중요한 것이 환경이 주는 자극이다.

높은 목표의식을 갖고 사는 사람, 좋아하는 일을 하며 사는 사람과 만나면 "지금 이대로는 안 된다", "조금 더 높은 만족감을 갖고 싶다" 며 자극을 받을 수 있다.

"나를 바꾸고 싶다면 만나는 사람과 환경을 바꿔라"라는 말이 있다. 나도 실제로 컨설팅하면서 이 말을 실감했다.

우리는 주변 사람과 환경에 강한 영향을 받는다. 그리고 지금까지 받은 영향으로 내가 만들어졌다.

나를 성장시키고 싶다면 '내 미래와 성장방향이 같은 무리'에 들어가는 것이 좋다.

같은 이상향을 가진 사람을 만나면 내 마인드는 점점 높아진다.

4장은 환경습관으로, '나를 바꾸는 환경을 만드는 방법'에 대해 설명한다.

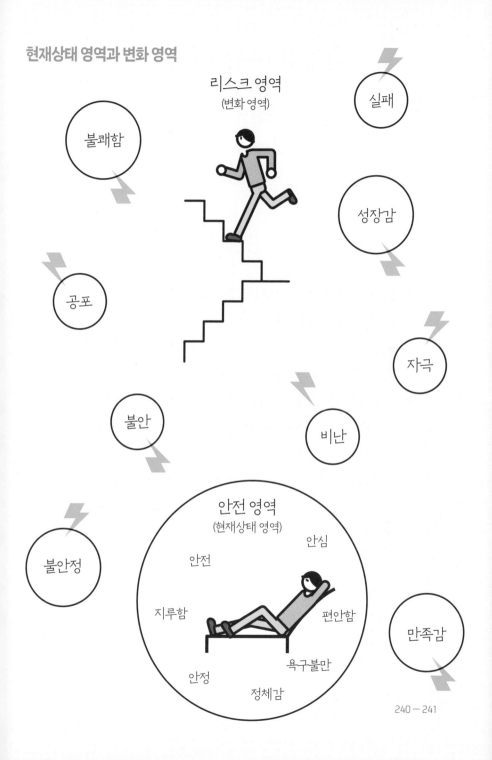

현재상태 영역과 변화 영역

리스크 영역
(변화 영역)

실패

불쾌함

성장감

공포

자극

불안

비난

안전 영역
(현재상태 영역)

안심

안전

불안정

지루함

편안함

만족감

안정

욕구불만

정체감

환경을 바꿔보자

60

나와 같은 꿈을 실현한 사람을 만나면
목표와 과제가 보인다.

기분 좋은 인간관계는 안심감과 안정감을 준다. 허물없는 인간관계는 인생을 윤택하게 만들어준다.

한편 새로운 꿈과 목표를 원한다면, 그것을 실현한 사람이나 같은 열정을 가진 사람을 만나 자극을 받는 것이 중요하다.

우리는 종이 위에 쓴 꿈과 목표만으로는 현실감을 느낄 수 없다. 그러나 새로운 세계에 들어가 사람을 보고, 듣고, 느끼면 현장감을 얻을 수 있다.

내가 전 직장을 나와 창업을 하려고 했을 때 주변 상사나 선배, 동료들은 나에게 "아직 그럴 만한 기술도 인맥도 없고 계획도 없는데 너무 무모한 거 아니야?", "좋아하는 것만 하면서 살 수 있을 만큼 세상은 녹록지 않아", "스물여덟 살이 꿈을 좇기에는 너무 늦은 거 아닌가"라고 말했었다.

확실히 그때 내 나이는 28세였고, 코칭을 배운 지는 9개월밖에 되지 않았다. 게다가 클라이언트도 고작 한 명이고, 계약금도 2만 엔이

었으니 그들 눈에는 무모하게 보였을 게 당연하다.

한편 그 무렵 나는 개인사업가와 기업가가 모인 독서모임에 정기적으로 참여하고 있었다. 그곳에서 내가 같은 이야기를 하자 "죽을 만큼 노력하면 잘될 수 있어! 한번 잘해봐!", "사람은 좋아하는 일을 해야만 성공하는 거야"라고 말해줬다.

하지만 꿈을 좇기엔 너무 늦은 나이인 거 같다고 내가 말하자 그 모임 중 한 사람이 "나는 52세에 창업했어"라고 말해줬다.

커뮤니티가 바뀌면 만나는 사람도 달라진다. 그 사람들의 행동 패턴이나 사고 패턴은 내가 일상에서 만나는 사람들과 완전히 다르다. 따라서 내 해석 또한 바뀔 수 있다.

이 차이에는 좋고 나쁨이 없다.

각각의 커뮤니티에는 독자적인 '상식'이 있고, 가치관이 바뀌면 모든 것이 달라진다. 그 집단에 존재하는 행동, 사고, 가치관의 패턴에 잠기면 먹을 만나 그 색에 물들게 된다.

우리의 행동, 사고, 감정, 신념이라는 것은 타인과 만나면서 상호작용을 통해 만들어지는 것이다.

개인뿐만 아니라 집단도 익숙하고 친숙한 패턴에 안심, 안전, 안정을 느끼고, 거기에 안주하고 싶어 한다.

그리고 그것들을 무너트리는 생각을 격하게 부정한다. 사람들이 천동설을 믿고 있을 때 지동설은 안전을 깨부수는 위험한 사고로 부정당했다.

만약 성장을 바라고 인생의 큰 변화를 바란다면 그것을 응원해주는 환경과 사람을 만나보자. 그것만으로도 큰 자극을 받을 수 있다.

내가 동경하는 롤모델을 찾자

61

동경하는 롤모델이 있으면 그 사람을
따라잡기 위해 노력할 수 있다.

인생이 바뀌는 터닝포인트에는 반드시 '사람과의 만남'이 있다. 그 중에서도 동경하는 롤모델을 만나면 그 영향력은 더욱더 커진다.

나는 19세 무렵에 어느 TV 방송에서 경영컨설턴트 오마에 겐이치가 날카로운 비평으로 이야기하는 모습을 보고 충격을 받았다. 논리적인 두뇌, 독창적인 발상력, 풍부한 언어표현력, 파워풀한 프레젠테이션, 그 모든 것에 사로잡혔다.

그 후 23세 때 오마에 겐이치가 운영하는 비즈니스스쿨에 다녔고, 27세 때는 문제해결 가이드라인 프로그램을 수강했다. 그의 저서는 50권 이상 읽었고, 강연도 몇 번이나 들었다.

나는 1년에 하나씩 주제를 정해 책을 내고 있다. 매해 새로운 주제를 가지고 이야기를 만들어간다. 이것은 오마에 겐이치의 방식을 따라 한 것이다.

그는 76세가 된 지금도 지적 호기심이 왕성하고, 항상 새로운 시대의 경영과 기업 문제를 해결하고, 새로운 책을 출간한다. 분야는 전혀

다르지만, 오마에 겐이치는 창작자로서 나에게 최고의 영향력을 주는 사람이다.

덧붙여 오마에 겐이치가 학장으로 있는 '비즈니스 브레이크스루'와 PEGL이라는 영어 프로그램에서 나는 2시간 정도 '습관화' 강의를 했다. 내가 얼마나 감개무량에 잠겼었는지는 상상에 맡기겠다.

지금까지의 내 인생을 되돌아보면 나는 코칭 분야에서는 다니구치 다카히코, NLP(Neuro Linguistic Programing: 신경언어 프로그램)에서는 야마사키 히로에, 연수강의에서는 제이슨 더키에게 큰 영향을 받고 있다.

내가 막다른 길에 놓였을 때 멘토나 롤모델의 말을 떠올리면 돌파구를 찾을 수 있게 된다.

성장하고 싶고 큰 우물로 나가고 싶다면 보다 큰 존재를 바라보자. 그러면 힘을 낼 수 있을 것이다.

솔직히 말하면 롤모델을 발견하는 것은 우연일지도 모른다. 하지만 그런 롤모델을 찾았다면 그 사람을 따라잡기 위해 노력해보자. 그 노력은 의욕이 된다.

또한 모든 것을 다 갖춘 롤모델을 찾는 것은 무리가 있다. 기술 면에서, 능력 면에서, 마인드 면에서 각각 목표대상을 바꾸는 편이 현실적이다. 나도 그렇게 했다.

사람과의 만남은 인생을 바꾸는 계기가 된다.

롤모델이 보이지 않는다면 '찾는다'는 행동에 집중해보자. 롤모델을 발견하면 매우 좋은 본보기가 되고, 현실감 있는 성장목표가 된다.

나와 맞는 사람과
시간을 함께 보내자

62

여러 커뮤니티에 들어가 보면
내가 있을 곳이 보인다.

인간관계는 성향이 맞는지, 맞지 않는지가 매우 중요하다.

초등학교, 중학교, 고등학교 때를 떠올려보자. 한 반에 30명이 있으면, 누가 정해주지 않아도 그 안에서 자연히 그룹이 생긴다. 그리고 장난이 심한 그룹, 공부를 잘하는 그룹, 운동을 좋아하는 그룹, 문학을 좋아하는 그룹 등 나와 맞는 그룹과 맞지 않는 그룹을 알 수 있게된다.

나는 학교에서 눈에 띄는 그룹은 그다지 좋아하지 않았고, 운동을 좋아하는 그룹도 나와는 맞지 않았다. 그렇다고 해서 가장 눈에 띄지 않는 그룹에 있었던 것도 아니다. 애초에 사람들과 잘 어울리지 못했던 나는 3명이 모인 그룹을 좋아했다.

나는 협조성을 발휘하는 타입은 아니었지만, 그렇다고 불협화음을 내지도 않았다. 어쨌든 딱 그 위치가 마음이 편했다.

성향으로 인간관계를 선택하는 것은 지극히 자연스러운 일이다. 위화감이 있는데도 이익을 따져가며 인간관계를 선택하면 결과적으로 그 관계는 오래 지속되지 못한다.

남녀관계도 마찬가지다. 한마디로 말하면 '궁합이 맞는지, 맞지 않는지'다.

나와 성향이 맞는지, 맞지 않는지는 그 집단에 들어가 봐야 알 수 있다.

나는 창업준비를 할 때 코칭 이외에도 카운슬러, 컨설턴트, 변호사업 등 선택지를 넓히기 위해 많은 커뮤니티와 공부모임에 참가했었다. 내가 무엇을 하고 싶은지 그 진심을 알기 위해 여러 집단 속에 들어간 것이지만, 코칭 모임 사람들과 성향이 제일 잘 맞았고, 또 그곳에 있을 때가 가장 나답게 있을 수 있었다.

마찬가지로 공수도를 시작할 때도 태극권, 유술, 합기도를 하는 사람들을 만나봤지만 역시 나와 성향이 가장 잘 맞는 사람은 공수도를 하는 사람이었다.

성향이 잘 맞는 사람과 함께하면 본질이 딱 들어맞는 감각을 맛볼 수 있다.

하지만 편안함에는 끝이 없다. 수준이 같은 사람을 만났을 때는 마음이 편안해지지만, 성장하기 위해서는 〈60. 환경을 바꿔보자〉에서 말한 것처럼 목표의식이 높은 사람과 만나는 것이 중요하다.

여기서 말하는 성향이란 같은 '종류'를 의미한다. 따라서 60번 항목과 혼동해서는 안 된다.

민들레, 해바라기, 장미, 벚꽃은 종류가 다르다. 하지만 얼마나 아름답게 피느냐 하는 것은 본질의 차이다.

기회를 잡는 센서를 키우자

63

인생이 바뀌는 터닝포인트는 별똥별처럼
우연히 찾아온다. 오픈마인드로 기다려보자.

'끌어당김의 법칙'이란 강렬히 바라는 것은 현실이 된다는 사고방식이다. 이와 비슷한 개념으로 심리학자 카를 융이 제창한 싱크로니시티(공시성)가 있다.

이것은 마음으로 간절히 바라는 것은 마치 어떤 의미가 있는 것처럼 우연히 일어나 깨달음과 만남과 힌트를 준다는 뜻이다.

카를 융은 언뜻 다른 것처럼 보이는 일도 심층으로 들어가면 모두 연결되어 있고, 싱크로니시티는 단순한 우연이 아니라 규칙, 법칙의 산물이라고 생각했다.

내 인생에서 끌어당김의 법칙과 싱크로니시티가 일어난 순간이 있었다.

내가 2006년에 당시 근무하고 있던 회사를 그만둬야 할지 고민하고 있을 때의 일이다. 신문을 훑어보고 있는데 '고용된 인생'이라는 앙트레의 광고문구가 눈에 들어왔고, "그래, 고용되지 않은 인생을 살고 싶다!"는 생각이 들었다.

마음의 고양감을 느낀 나는 재빨리 스이도바시로 가서 앙트레의 강연에 참가했다. 그곳에서 나는 '고용되지 않는 인생'에는 다양한 방법이 있다는 것을 알게 됐고, 창업을 결심하게 됐다.

사실 그 시점에서는 무엇을 할지 아직 정하지 않았다.

창업을 결심한 날, 학창시절의 친구를 불러내 같이 창업을 하자고 권유했다. 큰 결단이 필요했을 텐데도 그 친구는 단번에 "그래! 하자!"라고 말했다.

이것도 무슨 운명인지, 때마침 그 친구도 회사에 발전을 느끼지 못하고 창업을 생각하고 있었다고 했다. 그날부터 우리 둘은 매일 밤 만나 사업구상을 했다.

그러던 어느 날 그 친구가 "다케시는 코칭이 어울릴 거 같아"라고 말했다. 그날 바로 코칭 도서를 구입해 읽었고 "이게 바로 내가 원하던 거다!"라는 깨달음을 얻었다.

그렇게 해서 코칭스쿨에 들어가 프로코치로 창업하게 된 것이다.

그 후에도 다양한 싱크로니시티가 일어나 '습관화'에 도착하게 됐다.

이렇듯 인생은 뜻하지 않은 우연으로 전개되어간다. 인생을 바꿔주는 신호와 만남은 실제로 많이 존재한다.

하지만 그것은 강렬히 바라는 사람에게만 보이고, 우연히 별똥별을 발견하듯이 하늘을 올려다봐야 볼 수 있는 것이다.

이것은 이성이 아닌 감성으로 느끼는 것이다.

싱크로니시티는 마음이 보내는 신호다. 그럴 때는 망설임 없이 신호를 받아들여서 바로 가보고, 해보고, 만나보는 것이 중요하다.

운명은 작은 행동에서 시작된다.

타이밍을 기다리자

64

준비하고 있다가
좋은 타이밍이 왔을 때 움직이자.

서핑에서 서프보드에 배를 깔고 엎드려 양손으로 물살을 가르며 앞으로 나아가는 것을 패들링이라고 한다.

파도가 오지 않을 때는 억지로 일어나 서핑을 할 필요가 없다. 서퍼는 마치 거북이처럼 서프보드에 엎드려 패들링하며 파도가 오기만을 기다린다.

"기회가 왔다", "운이 들어왔다"라는 말도 있듯이, 일에는 그것이 성취될 타이밍이 있다.

인생도 "바뀔 타이밍을 기다리자"라는 발상을 가지면 시야가 넓어진다.

내가 주최하는 '습관화 학교'에는 인생을 바꾸고 싶은 사람들이 많이 찾아온다. 내가 6년 동안 습관화 학교를 운영하면서 안 사실은 어떤 이변이 생겼을 때 인생이 크게 바뀐다는 것이다.

그 이변이란 좌천이나 실연, 또는 회사 대표가 바뀌는 것 등이다. 이렇듯 이변이 생기면 사람들은 그 변화로 인해 무너진 균형을 다시 세

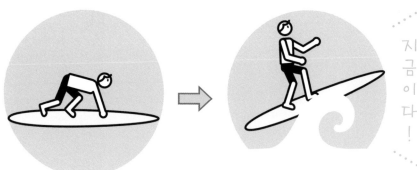

우고, 인생을 새롭게 바꾸려고 결심한다.

인간의 심층심리는 '안전, 안심, 안정'을 좋아하기 때문에 참을 수 있는 불만이면 인생을 바꾸려고 하지 않는다.

그러나 아무리 불운하고 불행한 사람이라도 인생에 변화를 일으키면 기회가 찾아온다.

앞에서 소개했듯이 좌천 인사로 인해 자신의 인생을 다시 생각하고 자기개혁을 한 커리어우먼이 있다.

45세 때 연구직을 그만두고 수의사가 된 사람도 있다. 그는 관리직이 되자마자 의욕을 잃었고, 스스로 생각한 끝에 그런 결단을 내렸다고 한다.

또한 인쇄회사의 영업직에 종사하던 어떤 남성은 틀에 박힌 생활에 불만을 품고 농부가 됐다. 그는 여자친구와 결혼을 앞두고 '이대로 계속 영업을 해도 좋을지' 고민에 빠졌다고 한다. 그는 장기적인 미래를 생각한 후에 줄곧 하고 싶었던 농부가 된 것이다.

나도 나를 채용해준 부장이 인사이동하게 됐을 때 비로소 내 커리어에 대해 진지하게 생각하게 됐다.

아무리 노력해도 결과가 나오지 않을 때는 어쩌면 아직 타이밍이 아니기 때문일지도 모른다.

다만 주의해야 할 점은 '여기서 그만두면 끝난다는 것'이다. 패들링을 하면서 파도가 오기를 기다려야 한다.

그러기 위해서는 오픈마인드로 기회와 타이밍을 엿보고, 그것이 왔을 때는 적극적으로 받아들일 필요가 있다.

최고의 피드백을 받자

65

긍정적인 의견과 평가는
성장의 기회다.

피드백 없이는 성장할 수 없다.

피드백이 없는 상태란 마치 '어둠 속에서 골프 연습을 하는 것'과 같다.

어둠 속에서 샷을 치면 어느 방향으로 얼마큼 공이 날아갔는지 알 수 없어 궤도를 수정하지 못한다.

또한 스윙 자세도 피드백을 받아야 한다. 자세는 스스로 확인할 수 없기 때문이다.

누군가에게 지도받고 수정해나가는 것은 변화와 성장에 꼭 필요한 요소다.

피드백은 대부분 듣기 싫은 소리이거나 질타 섞인 목소리일지도 모른다. 그런 까닭에 피드백을 피하고 싶을지도 모르지만, 꿈과 목표를 향해 나아갈 때는 스승의 지혜와 가르침뿐만 아니라 이 피드백도 필요하다.

내 경험을 통해 두 가지 이야기를 해보겠다.

완전 별로야!

쓸모없어.

나는 누군가에게 "당신의 강의는 반복된 내용으로 지적 성장이 없다"는 말을 들었다. 그 말은 나에게 있어서 강렬한 모욕이었다. 나는 엄청난 분노를 느꼈다.

그러나 매일 같은 콘텐츠를 반복해서 가르친 나는 새로운 변화를 줘야 한다는 깨달음을 얻었고, 행동을 수정하기로 결심했다. 그 말을 듣지 않았더라면 나는 아무 의심 없이 강의를 계속했을 것이다. 비록 화는 났지만 강의 내용을 수정해야 한다는 큰 전환점이 된 것은 분명하다.

다음 예는 비판적인 서평이다.

내 처녀작인 《계속하는 습관》이라는 책을 두고 어떤 사람이 "3개월 정도는 꾸준히 할 수 있지만, 3년은 꾸준히 할 수 없다고 생각한다"고 비난했다.

그 피드백을 솔직하게 받아들이자 "확실히 3개월 꾸준히 하는 것과 3년 꾸준히 하는 것은 메커니즘이 다르다"고 생각하게 됐고, 안 쓰던 기술을 되살려 컨설팅의 폭을 넓혔다.

이것은 피드백을 받아들인 결과로, 지금은 이 서평에 감사해하고 있다.

피드백 받을 기회를 적극적으로 늘리고 자신의 행동을 수정하는 것은 성장에 있어서 반드시 필요하다.

중견사원 이상이 되면 잘못을 지적해주는 사람이 줄어들게 된다. 정신이 번쩍 드는 일격은 나를 바꾸는 기회가 된다.

마지막까지 읽어준 독자분들에게 감사의 말을 전하고 싶다.
이 책의 핵심 콘셉트는 '나를 깨우는 습관'이다.

어떻게 하면 내 행동을 깨울 수 있을까? (행동습관)
어떤 생각과 사고방식을 가지면 나를 깨울 수 있을까? (사고습관)
마음을 깨우기 위한 신념과 욕구는 무엇일까? (감정습관)
나를 깨워주는 환경은 어디에 있을까? (환경습관)

이 책에서 말했듯이, 습관화는 인생에 매우 큰 의미를 차지한다. 동서고금을 막론하고 습관에 관한 격언이 많은 것도 그 때문일 것이다.
5개의 격언, 고사성어로 습관화의 본질을 해석해보자.

"인생은 습관의 직물이다."

스위스 철학자 헨리 프레데리크 아미엘이 한 말이다.

습관은 '무의식중에 반복되는 패턴'이라고 정의하면, 우리의 인생은 '행동습관', '사고습관', '감정습관', '환경습관'에 서로 영향을 주면서 완성되는 직물과 같다.

습관의 심층구조에 대해서는 들어가기에서 소개했다.

"인생은 습관에 의해서 완성된다. 위대한 결과는 일시적인 행동이 아니라 습관에 의해서 탄생한다."

이것은 고대 그리스 철학자 아리스토텔레스가 한 말이다.

행동습관의 본질에 대해 이 정도로 명확하게 정의한 것도 없을 것이다.

나는 이 말을 읽을 때마다 '습관이 위대한 결과를 이끌어낸다'는 사실을 새삼 실감한다. 비즈니스도, 운동도, 공부도, 그리도 인간도 습관의 산물이다. 위대한 결과는 꾸준한 행동에서 태어난다.

'행동습관'은 이 책의 1장에서 자세히 다뤘다.

"꾸준함은 힘이 된다."

이것은 우리가 자주 사용하는 말이기도 하고 좋아하는 말이기도 하다. 여기서 말하는 '꾸준함'에는 두 가지 의미가 있다.

첫 번째는 특정 행동을 꾸준히 하라는 의미다.

매일 한 시간씩 독서하는 습관이 있다고 하자. 책 한 권을 읽는 데 5일이 걸린다고 하면, 1년 동안에는 73권을 읽을 수 있고, 3년 동안에는 약 220권을 읽을 수 있다. 책을 꾸준히 읽으면 지식이 늘어나고, 시야가 넓어지고, 사고력도 높아진다.

두 번째는 도전을 꾸준히 하라는 의미다.

새로운 도전에는 실패가 따르기 마련이다. 실패로 인해 화가 나고, 의욕이 꺾이고, 좌절한 경험은 누구에게나 있을 것이다. 그때 다시 힘을 내서 앞으로 나아갈지, 아니면 거기서 그만둘지로 운명은 바뀐다.

도전을 꾸준히 할 때는 그 상황을 보는 견해와 긍정적인 생각이 중요하다.

2장에서 '사고습관'에 대해 이야기한 것도 그 이유에서다. 꾸준함은 '행동기술'뿐만 아니라 '사고습관'에도 영향을 받는다.

"좋아하는 것은 잘할 수 있다."

이것은 '누구나 좋아하는 것은 열심히 할 수 있고, 그것에 대해 아낌없이 공부하고 노력하기 때문에 자연히 실력이 올라가게 된다'는 의미다.

2019년 3월에 시애틀 매리너스 소속의 스즈키 이치로 선수가 은퇴 기자회견을 열었을 때 "자녀에게 해줄 말은 없습니까?"라는 질문을 받고 다음과 같이 대답했다.

"열중할 수 있는 것, 집중할 수 있는 것을 찾으면 그것을 향해 자연히 힘을 쏟을 수 있게 된다. 따라서 그것을 하루빨리 찾는 것이 좋다. 그것을 찾으면 자신 앞에 선 높은 벽을 뛰어넘을 수 있다. 반대로 그것을 찾지 못하면 벽을 뛰어넘지 못하고 주저앉게 된다. 자신에게 맞는지, 맞지 않는지보다 좋아하는 것을 발견하는 게 중요하다고 생각한다."

여기서 말하는 '좋아하는 것'은 단순히 '즐기는 것'이 아니고 열광, 집중, 몰두를 의미한다.

누구나 좋아하는 것은 꾸준히 할 수 있다. 그리고 사명감과 열정이 있는 것은 어떤 난관이 있어도 꾸준히 할 수 있다.

"꾸준히 하고 싶다", "도전하고 싶다"는 것은 감정에서 태어나는 마음이다. 따라서 이 책의 3장에서는 '감정습관'에 대해 자세히 말했다.

"먹을 가까이하면 검어진다."

사람은 함께 있는 사람의 행동, 사고, 감정 습관에 영향을 받는다. 그리고 자신이 있는 환경도 습관이라고 말할 수 있다. 어떤 환경을 선택하는지도 반복되는 패턴이기 때문이다.

이렇듯 환경은 우리의 행동, 사고, 감정에 강한 영향을 준다. 반대로 말하면 어떤 환경을 선택하는지에 따라 나와 내 인생이 바뀐다.

4장에서는 '환경습관'을 바탕으로 나를 바꾸는 환경을 만드는 방법을 소개했다.

이상으로 5개의 격언을 통해 습관화의 본질을 탐구해봤다.

이 책은 공부 도서가 아니라 실천 도서다.

'꾸준히 하고 싶다', '미루지 않고 싶다', '마이너스 사고에서 벗어나고 싶다', '하고 싶은 것을 찾고 싶다', '더 성장하고 싶다' 등 주제를 내

걸고 매일 실천해보자.

나를 깨우는 스위치가 많으면 그만큼 많은 방법으로 습관화에 접근할 수 있다. 언뜻 보기에 그 차이는 미묘하지만, 자신에게 딱 맞는 방법을 찾으면 큰 차이가 생길 것이다. 그렇기 때문에 나는 되도록 많은 방법을 알려주기 위해 이 책에서 습관화에 대한 65가지 방법을 소개한 것이다.

65가지 모든 방법이 아닌 자신에게 잘 맞는 방법만 실천해도 좋을 것이다.

마지막으로, 습관화가 인생을 바꿔준다고 나는 믿는다.

당신의 인생이 습관화로 인해 이상적인 방향으로 흘러가길 진심으로 바란다.

이 책을 마지막까지 읽어준 당신에게 감사의 말을 전하고 싶다.

2019년 5월

후루카와 다케시

인생을 지배하는
The Power of Habit
습관의
힘

초판 1쇄 인쇄 2021년 11월 25일
초판 1쇄 발행 2021년 12월 2일

지은이　　후루카와 다케시
옮긴이　　권혜미
펴낸이　　이희철
기획편집　　김정연
마케팅　　이기연
북디자인　　디자인홍시
펴낸곳　　책이있는풍경

등록　　제313-2004-00243호(2004년 10월 19일)
주소　　서울시 마포구 월드컵로31길 62(망원동, 1층)
전화　　02-394-7830(대)
팩스　　02-394-7832
이메일　　chekpoong@naver.com
홈페이지　　www.chaekpung.com

ISBN　　979-11-88041-38-1　03190